AF453109

TRAVAUX ET MÉMOIRES DE L'UNIVERSITÉ DE LILLE
NOUVELLE SÉRIE
I. *Droit-Lettres.* — Fascicule 2

L'ÉNIGME SOCIALE

PAR

A. PENJON

Correspondant de l'Institut
Professeur de Philosophie à l'Université de Lille

LILLE
AU SIÈGE DE L'UNIVERSITÉ, RUE JEAN-BART
1902

EN VENTE

A LILLE, chez M. Tallandier, rue Faidherbe, 11 et 13.

A PARIS, chez MM. Alcan, 108, Boulevard St-Germain,
et Welter, 4, rue Bernard-Palissy.

TRAVAUX ET MÉMOIRES DE L'UNIVERSITÉ DE LILLE
NOUVELLE SÉRIE
I. *Droit-Lettres*. — Fascicule 2

L'ÉNIGME SOCIALE

PAR

A. PENJON

Correspondant de l'Institut
Professeur de Philosophie à l'Université de Lille

LILLE
AU SIÈGE DE L'UNIVERSITÉ, RUE JEAN-BART
—
1902

Le Conseil de l'Université de Lille a ordonné l'impression de ce mémoire le 10 Décembre 1902.

L'impression a été achevée chez LE BIGOT, le 19 Décembre 1902.

L'ÉNIGME SOCIALE

I

L'ÉGOÏSME ET LA JUSTICE

Si l'organisation de la société n'était pas fondée aujourd'hui encore sur une équivoque, le grand développement industriel dont nous sommes témoins n'aurait que d'heureuses conséquences. Le progrès des sciences, dont il est l'effet naturel, en mettant de jour en jour davantage les forces de la nature à notre service, et en rendant ainsi le travail plus facile et plus productif, assurerait pour toujours l'accroissement du bien-être, la paix sociale, et, dans la mesure où des êtres mortels peuvent y prétendre, le bonheur de tous.

Au lieu de cela, que voyons-nous? Les efforts incessants des uns pour conquérir la fortune, et des autres, le plus grand nombre, pour défendre une vie précaire ; des entreprises individuelles, admirables d'initiative et d'énergie, mais toujours incertaines du succès ; la lutte, au lieu de l'alliance, des patrons et des ouvriers, du capital, comme on dit, et du travail, et, sous les dehors d'une civilisation déjà très avancée, la barbarie, avec l'éternel contraste de la richesse et de la pauvreté.

A ce spectacle, comment ne pas s'émouvoir? Mais il ne semble pas que personne, jusqu'à présent, ait découvert les causes du mal qu'on voudrait guérir et, encore moins, le moyen de le faire cesser.

Les uns, de vrais savants, forts d'une expérience qui leur a permis de déduire, en toute rigueur les lois, dans des circonstances données, de la production et de la distribution des richesses, soutiennent qu'il faut laisser agir la liberté : elle redressera les maux passagers qu'elle a pu causer. En attendant, au moyen de palliatifs, comme la charité, on avisera au plus pressé.

D'autres, plus impatients, rêvent d'un bouleversement de la société, et ne réussissent, même avec la meilleure volonté, qu'à en exaspérer les crises par la crainte ou de folles espérances.

Les moralistes semblent hésiter entre la chimère des seconds et la doctrine des premiers. Pour les ministres, enfin, de certaines religions, la révolution nécessaire se fera dans une vie future, où les misères de la vie présente, et ses vanités aussi, trouveront leurs suprêmes compensations.

Si nous avions de la nature humaine une connaissance exacte, ces incertitudes, ces divergences se produiraient-elles ? On n'en voit point dans les questions qui relèvent des sciences proprement dites, parce que ces sciences consistent dans la connaissance exacte de leurs objets. C'est de cette connaissance, précisément, que dépend le développement actuel de l'industrie dans tous les genres, et ce développement lui-même s'étendra encore à mesure que cette connaissance exacte sera plus approfondie. Mais les sciences dont nous parlons ici n'ont pour objet que les choses qui nous entourent, ou les faits qui se rapportent à ces choses. Certaines sciences, il est vrai, s'occupent de l'homme physique, du corps humain dont elles étudient l'infinie complexité, de la structure de ses organes et de leurs fonctions. A mesure qu'elles progressent, — ce qu'elles font lentement à cause de la difficulté même de leur tâche, — les applications des connaissances exactes que nous leur devons ainsi par degrés, deviennent possibles, et l'art de la médecine, l'art de la chirurgie surtout font à leur tour des progrès. D'une manière générale, l'accroissement des connaissances exactes est toujours la condition nécessaire de tout développement régulier, assuré, dans la pratique, dans l'industrie enfin, si l'on donne à ce mot son sens le plus étendu.

Or, nous sommes peut-être bien loin, jusqu'à présent, de posséder une connaissance exacte de la nature de l'homme ; on peut même se demander si, malgré les travaux de tant de philosophes, de tant d'hommes de génie, cette science n'est pas encore dans l'enfance. Il se produirait donc ce singulier phénomène que nous connaissons infiniment mieux les choses dont nous nous servons, que nous ne nous connaissons nous-même. Mais, comme toute industrie suppose des choses à mettre en œuvre, d'une part, et, de l'autre, des hommes qui les emploient, qui les transforment à leur gré, il est tout naturel qu'elle puisse souffrir de l'inégale connaissance que nous avons de ces deux termes et qu'elle soit, en définitive, et pour cette raison, mal organisée en quelque point. Il se pourrait enfin que ce défaut d'organisation portât sur un point essentiel, et que ce fût là précisément la cause du peu d'avantages, au moins à certains égards, que nous retirons du développement de l'industrie, des malaises de tout genre et des conflits dont nous avons à souffrir.

Voyons ce qu'il en est, et, pour cela, examinons ce que nous savons de nous-même.

Si nous disons que nous nous connaissons dès l'origine comme des personnes, c'est-à-dire comme des êtres réels qui ont une existence propre, qui sont capables de sentir, de penser et d'agir avec réflexion, nous exprimons sur nous-même le jugement le plus naturel et, en apparence, le plus incontestable. Chacun de nous, en effet, croit invinciblement, pour peu qu'il y pense, à cette réalité de son être qui s'accommode très bien du nom de *substance*. On peut disputer sur la nature de cette substance : les uns soutiendront qu'elle est toute matérielle, et que le cerveau est, par sa constitution même, la seule cause de tous les faits de sensibilité, d'intelligence ou de volonté qui constituent notre vie morale ; les autres s'attacheront, de préférence, à la doctrine d'après laquelle nous consistons essentiellement en une substance spirituelle, l'âme, qui commande au corps par l'intermédiaire du cerveau et des autres centres nerveux. Mais cette dispute n'a pour nous, en ce moment, aucun intérêt. Ce qui nous suffit ici, c'est de constater que la diversité des opinions porte sur la nature de notre substance, mais non sur sa réalité. De part et d'autre, on croit également à l'existence d'une substance en nous, qui est ceci ou cela, mais qui a pour caractère essentiel d'être bien réellement ce qu'elle est, d'être indépendante de tout le reste, de constituer un individu, ou mieux, comme nous le disions, une personne. Cette personne se connaît comme telle, abstraction faite de toute autre personne, et généralement de toute autre chose.

Assurément, nous savons bien que nous n'avons pas toujours été : nous voyons naître des enfants autour de nous, et nous n'ignorons pas que nous avons commencé comme eux. Encore a-t-il fallu nous le dire ! Nous sommes ainsi faits que nous sommes naturellement portés à nous regarder comme existant par nous-même, tant nous sommes convaincus que nous sommes des substances. D'un autre côté, nous savons bien que nous ne serons pas toujours : nous voyons mourir d'autres personnes autour de nous, de tout âge, et continuellement. Aucun homme n'a jamais échappé à la mort. Un peu plus tôt, un peu plus tard, chacun doit mourir à son tour. Nous ne l'ignorons pas, et cependant convenez qu'il faut un peu de réflexion pour nous persuader que notre tour à nous aussi viendra, tant nous sommes convaincus que nous sommes des substances, et tant il nous paraît naturel qu'une substance ne devrait ni commencer ni finir. Nous ne nous préoccupons pas beaucoup de ce fait surprenant que nous n'avons pas toujours été ; mais rien ne répugne plus à notre nature que l'idée de la mort.

De cette conviction où nous sommes d'être des substances ou des personnes, que résulte-t-il encore ? Il en résulte que chacun de nous se considère spontanément comme le centre du monde, je veux dire que nous rapportons tout à nous. Nous sommes chacun le centre de notre monde, c'est-à-dire du monde tel que nous le connaissons, et, pour le remarquer en passant, il y a en réalité non pas un seul monde, mais autant de mondes que d'individus. Ces mondes particuliers se composent de ce que chacun connaît, de ce que chacun a expérimenté, de ce qu'il imagine aussi à propos de ces expériences, et il est aisé de concevoir combien ils doivent différer entre eux. Ils sont plus ou moins étendus et peuvent être comparés à des cercles ou mieux encore à des sphères de diamètres inégaux, suivant que nous avons plus ou moins de connaissances positives et plus ou moins d'imagination. Mais ils se ressemblent assez, et surtout ces ressemblances attirent assez particulièrement notre attention, pour que nous puissions ordinairement parler d'un seul et même monde commun à tous et sur lequel nous nous entendons, sans trop de difficulté, dans la pratique. Eh bien, il est naturel que chacun se considérant comme une personne, dans le sens que nous avons dit, se considère aussi comme le centre de son monde, ou, plus simplement, du monde, c'est-à-dire comme l'être le plus intéressant, à son point de vue, de tous ceux qui s'y rencontrent. Nous accordons bien, si l'on veut, que les autres sont aussi des personnes, mais ils le sont pour eux, si l'on peut ainsi dire, plus que pour nous, et il reste que notre personnalité nous paraît bien plus importante, bien plus digne de nos soins que celle de n'importe qui.

Remarquez, en outre, que les plaisirs ou les douleurs que nous éprouvons sont les nôtres, tandis que nous ne sentons pas immédiatement les douleurs ou les plaisirs des autres personnes. Nous serons donc disposés naturellement à agir de telle sorte que nous puissions toujours nous procurer le plaisir et éviter la peine, fût-ce même aux dépens d'autrui. Or, cette disposition, c'est ce qu'on appelle l'Égoïsme.

L'égoïsme a donc un double fondement, d'abord dans le fait que nous croyons être des substances ou des personnes, et dans le fait, ensuite, que nous ne ressentons immédiatement que nos plaisirs ou nos souffrances. Ces deux faits sont certains. Il faut alors reconnaître que l'égoïsme est profondément enraciné dans notre nature, et même que c'est le seul sentiment qui puisse d'abord se comprendre. Nous aimer nous-même, tout subordonner à cet amour de nous-même, voilà, s'il est vrai que nous soyons ce que nous croyons être, le but que nous devons exclusivement nous proposer. Or, nul ne s'avisera de prétendre que nous sommes aussi sensibles au mal ou au bien des autres qu'à ce qui nous touche personnellement. Et ne serait-ce pas une folie de dire que nous ne sommes pas ce que nous croyons être, des substances ou des personnes, ayant chacune son être propre, son quant à soi, si l'on peut ainsi parler, sa pleine indépendance et, vis-à-vis de soi, sa supériorité sur toutes les autres, en ce sens qu'il est naturel de se préférer ? Répétons donc que l'égoïsme est en nous le sentiment le plus conforme à notre nature et qu'il doit, semble-t-il, être notre unique loi. C'est la conséquence rigoureuse des faits que nous avons constatés, des connaissances que nous avons acquises jusqu'à présent sur la nature de l'homme.

Il n'est donc pas surprenant que l'égoïsme soit en réalité ce qu'il doit être, c'est-à-dire *la loi essentielle de notre société*. Nous allons étudier, avec tous les développements que comporte le sujet, les effets qu'elle a eus sur son organisation, et nous constateterons qu'à certains égards, elle ne l'a pas trop mal gouvernée jusqu'à présent. Avec les mêmes principes, et nous ne voyons pas encore ceux qu'on pourrait leur opposer, il était vraiment difficile de mieux faire.

Sans doute les choses n'ont pas dû se passer aussi bien dès l'origine. On se figure aisément une période plus ou moins longue et même plusieurs fois renouvelée, où l'égoïsme brut a pu avoir d'assez tristes effets, engendrer des luttes perpétuelles, une guerre implacable d'homme à homme, ou de tribu à tribu. Mais l'égoïsme lui-même a mis un terme à cet état de choses. Car c'est lui qui a semé dans le monde les premiers germes d'organisation sociale et qui les a ensuite développés jusqu'à cette floraison dont nous avons, à prendre les choses en gros, d'assez sérieux motifs de nous enorgueillir. Déjà la constitution de la tribu est l'œuvre d'un égoïsme qui commence à réfléchir, à calculer. On s'est groupé pour mieux se défendre, pour mieux attaquer. Comment par degrés se sont fondés de grands États et combien de formes diverses l'égoïsme a revêtues, entre l'ambition des uns et la lâcheté du plus grand nombre, pour faire naître et durer plus ou moins longtemps des sociétés analogues à la nôtre, ce n'est pas ici le cas de le dire. Mais il faut bien comprendre quel a été le résultat le plus remarquable de cet égoïsme raisonneur, le résultat sans lequel aucune civilisation n'aurait jamais été possible. Le voici.

Nous avons beau nous considérer comme des êtres réels ou des personnes, rapporter tout à nous et vouloir nous subordonner tout le reste, la plus simple expérience nous force bientôt à sentir que nous devons compter avec les autres. Cette nécessité se manifeste d'abord à l'occasion des luttes mêmes que nous avons à soutenir. Si nous étions assurés d'être toujours les plus forts, nous nous enivrerions de nos victoires et nous n'imaginerions pas de plus belle vie que ces perpétuelles batailles. Mais qui pourrait se flatter d'être toujours vainqueur ? Le parti le plus sage n'est-il pas de céder ce qu'on ne peut défendre ? Ne vaut-il pas mieux accorder de bonne grâce ce que l'on serait un jour contraint de se voir ravir ? Et ainsi s'est levée sur le monde, sortant de l'océan de l'égoïsme, l'idée de Justice. « Ni l'étoile du matin, a-t-on dit, ni l'étoile du soir ne sont aussi admirables ! »

La justice est proprement la reconnaissance par chacun de

l'égoïsme de tous, l'affirmation de l'égale légitimité de tous les égoïsmes individuels, et elle a pour effet de fonder *le droit*, c'est-à-dire l'équilibre des égoïsmes. Par cela seul qu'elle nous ouvre, et même aux plus obtus, les yeux sur ce fait que chacun des autres se considère naturellement, aussi bien que nous, comme le centre du monde, elle nous amène à abandonner le point de vue particulier et à concevoir un centre commun, d'où tous les hommes, par cela seul qu'ils sont hommes, nous apparaissent comme placés sur le même plan, avec des prétentions identiques à la vie, à la liberté, à l'honneur et à la propriété ; et, par extension, la vie, la liberté, l'honneur et la propriété ont été appelés les droits essentiels. La conséquence qui s'en déduit rigoureusement est que nul ne doit empiéter sur autrui. De ce jour-là l'honnête, le simple honnête qui consiste à ne pas faire de tort à autrui, est né dans l'humanité. Il est né, mais il est encore bien loin, après tant de siècles, d'avoir pris le développement et la force qu'on pourrait croire. Et fût-il universellement pratiqué, que de maux encore il laisserait subsister !

Nous ne devons pas nous en étonner. Les choses, avec cette théorie de la justice, ne sont pas si simples qu'il le semble au premier abord. Le droit, l'équilibre des égoïsmes, c'est fort bien ! Mais un équilibre quelconque suppose une certaine égalité des choses qui sont en équilibre. Or, cherchez l'égalité entre les hommes ! Où la trouvez-vous ? A la rigueur, du moment que ce sont en effet des hommes vivants, on peut bien dire qu'ils ont tous également la vie en partage, et la vie est un bien, un droit dont ils jouissent tous. On en dirait autant de la liberté d'agir ou de penser, qui est la manifestation immédiate de la vie humaine, et aussi de l'honneur, cette propriété morale que constitue dans l'esprit les uns des autres l'estime mutuelle, tant que nous ne portons pas atteinte aux droits d'autrui. Mais ce sont là des mots en l'air, attendu que la vie et par conséquent la liberté, l'honneur même, supposent des conditions sans lesquelles l'exercice de ces droits est impossible. Nous ne sommes pas de purs esprits ; nous avons des besoins ; notre vie dépend de la satisfaction de ces besoins ; c'est comme un feu qu'il faut entretenir. En d'autres termes, nous ne pouvons vivre sans manger et sans boire, sans nous préserver contre les intempéries, contre une foule de dangers qui menacent à chaque instant notre vie. En cela, nous dépendons des choses et, d'une manière générale, de la terre qui nous porte et de laquelle nous tirons, avec un certain travail, tout ce qui est nécessaire pour nous nourrir, nous vêtir et nous abriter. Or, le droit de disposer de cette terre et de tous les produits que notre industrie peut en faire sortir, c'est le droit de propriété.

Par cela seul qu'ils sont hommes, tous les hommes ont, en principe, un droit égal à la propriété des choses en général. En principe, il est impossible de comprendre pourquoi ce droit de Pierre serait supérieur à ce droit de Paul et, au premier abord, il est aussi monstrueux de concevoir une inégalité du droit de propriété entre eux qu'une inégalité des droits qu'on appelle la vie, la liberté ou l'honneur.

En fait, et vous n'avez pour le constater qu'à jeter les yeux autour de vous, l'inégalité dans l'exercice du droit de propriété est la règle. Depuis la richesse, infiniment supérieure aux besoins de celui qui la possède, jusqu'à l'extrême misère, jusqu'au dénuement complet qui entraîne fatalement l'impossibilité de satisfaire les besoins les plus essentiels, et par conséqnent jusqu'à la mort, vous rencontrez tous les degrés. La vie du plus grand nombre n'est qu'une lutte de tous les instants pour la conquête du minimum nécessaire à l'entretenir, tandis qu'elle est pour les autres l'incessante recherche de nouveaux besoins à satisfaire avec un excès de ressources qui serait sans cela inutile.

Que devient alors le droit, l'équilibre des égoïsmes? Sans doute, je dois respecter votre égoïsme en retour du respect que vous avez pour le mien. Mais encore faut-il que j'aie quelque chose, et je veux dire ici quelque propriété à faire respecter. Autrement notre convention n'est pour moi qu'une duperie. J'en ai toutes les charges, vous en avez seul tous les bénéfices. Vous distinguez, il est vrai, le droit *virtuel* et le droit *actuel*. Le droit virtuel est celui que tous les hommes ont également de *pouvoir* posséder, d'en être dignes en tant qu'hommes, et vous avez même la bonté de reconnaître que mon droit virtuel vous crée le devoir de faire changer ce droit virtuel en droit actuel, c'est-à-dire de me faire l'aumône. Mais il est bien entendu que le droit actuel, c'est-à-dire celui qui consiste, en fait, à posséder, est tout entier, quelle que soit l'étendue des biens sur lesquels il s'exerce, sacro-saint et infiniment respectable. parce qu'il a son fondement dans le droit virtuel imprescriptible, et à tel point que votre aumône reste facultative et dépend en définitive, pour l'heure et la quantité, de votre bon plaisir.

Aussi bien cela s'accorde à merveille avec les principes que nous avons admis, et l'on en voit ici les conséquences nécessaires. Si nous sommes, en effet, ces êtres en soi, ces personnes indépendantes que nous avons dit, *chacun pour soi* est l'expression rigoureuse de la justice elle-même. Elle commande de ne pas faire de mal à autrui, de ne pas attenter à ses droits et l'on ne risque pas de la violer en restant chacun chez soi. Mais le voisin souffre, il manque du nécessaire. — Ce n'est pas ma faute ; ce n'est pas moi qui l'ai mis dans cette triste condition ; je ne lui ai fait aucun tort ; il me ferait tort, au contraire, et c'est manifeste, s'il attentait à mon droit actuel. Or je n'ai pas à craindre cet attentat. On ne manque pas impunément à la justice dans un pays civilisé comme le nôtre. Il y a des gendarmes et des tribunaux.

Nous n'avons encore jeté qu'un regard superficiel sur l'organisation sociale telle que l'égoïsme l'a faite. C'est lui qui commande de ne pas empiéter sur le bien d'autrui, de ne faire de mal à personne. On peut dire que c'est là un effet tout négatif. Il a aussi des effets positifs très nombreux et très importants. Mais ces effets, comme nous allons le voir, ne peuvent se produire que grâce précisément à l'inégalité des hommes par rapport au droit actuel de propriété.

Remarquons d'abord que cette inégalité, quelque choquante qu'elle soit, est un fait que nous sommes bien forcés d'accepter. Elle n'est pas, à la prendre en général, le résultat d'une atteinte au droit qu'il suffirait de faire cesser pour rendre tous les hommes égaux. Qu'il y ait eu autrefois beaucoup de violences et d'usurpations, ce n'est pas douteux. Mais il y a, comme on dit, *prescription*, c'est-à-dire que ces crimes sont trop anciens pour qu'on les punisse : le trouble qui résulterait des recherches à faire pour les punir serait pire aujourd'hui que le mal dont ils ont été la cause. D'un autre côté, il s'en faut de beaucoup, et tout le monde en conviendra, que la propriété ait toujours eu une origine aussi condamnable. Elle est fondée le plus souvent sur le travail, elle en est le fruit légitime, et c'est l'épargne, nous aurons à l'expliquer plus longuement, qui constitue le plus sûrement la richesse.

Le travail lui-même et l'épargne supposent des qualités qui sont bien loin d'être également réparties. La naissance et l'éducation mettent déjà de grandes différences entre les hommes. Les uns naissent plus forts, plus intelligents, plus courageux que les autres. Ils doivent assurément ces avantages à leurs parents ou mieux encore à toute la suite de leurs ascendants ; ils n'en ont pas par eux-mêmes, dans bien des cas, tout le mérite. De même, on ne peut pas toujours reprocher les défauts contraires à ceux qui manquent de ces qualités ; mais on peut bien dire encore ici, et à plus forte raison, qu'il y a nécessairement prescription pour les tares de ceux qui les ont précédés dans cette vie. Il faut seulement tâcher de tirer parti de cette expérience et ne rien négliger pour assurer à ses descendants une bonne constitution physique et morale. L'éducation doit confirmer et développer les avantages reçus. Elle peut aussi, dans une certaine mesure, les procurer à ceux qui ne les ont pas reçus en venant au monde et remédier jusqu'à un certain point aux imperfections natives.

On voit donc que, de toutes façons, l'inégalité est un fait inévitable, qu'il faut subir, sauf à trouver les moyens d'en atténuer le plus possible les mauvais effets. D'ailleurs, dira-t-on, elle n'est pas, en pratique, aussi choquante que l'on pourrait d'abord le croire. Le constraste violent que l'on ne peut s'empêcher de voir entre l'extrême richesse et le dénuement absolu, est comme adouci par l'existence de tous les degrés intermédiaires. Nous faisons ordinairement plus attention à nos voisins dans cette sorte de classification, qu'à ceux qui en occupent les extrémités. Nous trouvons près de nous, au-dessus et au-dessous, des gens d'une condition semblable à la nôtre, et il nous arrive facilement d'éprouver plus d'admiration que d'envie, à moins qu'ils ne paraissent nous froisser ou nous nuire, pour ceux qui occupent une situation très supérieure. Nous n'avons, du reste, qu'une idée assez confuse des conditions trop différentes de la nôtre en bien ou en mal. Notre effort en général ne va guère au-delà d'une rivalité avec ceux qui nous entourent, qui nous ressemblent le plus.

En outre, cette inégalité, pour peu qu'on y réfléchisse, apparaît bientôt, dans l'état présent des choses, comme le facteur principal de tout progrès. Il faut bien le reconnaître, quelque dure que soit cette vérité, la richesse ne servirait de rien à ceux qui la possèdent s'il n'y avait pas de pauvres. Serions-nous tous également riches, par hypothèse ? ce serait tout à fait comme si nous étions tous pauvres également. Ces riches, ne trouvant personne pour s'occuper à leur place de certains travaux, seraient obligés de se servir eux-mêmes, de faire tout ce qui est nécessaire pour subvenir aux besoins de la vie. Ce serait donc la pauvreté universelle que l'universelle richesse. Au contraire, avec cette sorte d'échelle que forme l'inégale répartition des biens, nous avons aussi l'infinie diversité des occupations humaines, la spécialité qu'elles comportent et la perfection que cette spécialité, donnant lieu aux échanges, doit nécessairement permettre d'atteindre.

Nous avons dit les *échanges*. L'échange est, en effet, le type par excellence des relations dans un monde égoïste, soumis à la justice. Dans ce monde, rien de gratuit ; mais donnant donnant ; il y faut, pour obtenir quoi que ce soit, le posséder déjà de quelque façon : je te procure telle chose, procure-moi telle autre chose à la place. Ces choses seront en principe équivalentes ; nous trouverons l'un et l'autre, en les échangeant, notre avantage ; elles nous rendront également service. Et ce que les hommes échangent, en réalité, en échangeant des choses, ce sont des *services*. Or, pour faciliter cet échange de services, on a inventé, dès la plus haute antiquité, la monnaie. La *monnaie*, ou l'argent, est la représentation, sous une forme facile à manier et facile à reconnaître, de tous les services. La *valeur* de ceux-ci se mesure à cette représentation, et elle dépend essentiellement de la loi de l'offre et de la demande. A la façon des fleuves et des rivières, grossis de mille ruisseaux ou se subdivisant en mille ruisseaux, la monnaie circule au gré des échanges, dont elle est comme l'infatigable véhicule, et, ici ou là, l'épargne la retient, en fait des réserves ou des sortes de lacs, où elle s'accumule, disponible pour les usages que l'on voudra. Ces usages sont de deux sortes : ou elle sert à se procurer, sans nouveau travail, ce qui est nécessaire ou simplement agréable, ou elle devient, de la manière que nous allons voir, créatrice de nouveaux services échangeables, et elle prend alors le nom de *capital*.

Il nous faut, pour le moment, accepter les choses telles qu'elles se présentent à nous dans une société constituée depuis longtemps, où ne se rencontrent pas d'autres sources de services soit immé-

diatement utilisables, soit échangeables, que le travail et le capital.
La terre qui nous porte et qui seule peut nous fournir ce qui nous
est utile, est partout occupée dans les régions civilisées. Il n'y a
plus depuis longtemps une seule parcelle qui n'appartienne à
personne, qui soit à la disposition d'un premier occupant. Mais cette
terre ne peut pas toujours être cultivée par ceux-là seuls qui la
possèdent ; il leur faut y mettre des ouvriers. La culture n'est pas
le seul mode d'exploitation de la terre. Elle nous fournit une foule de
matériaux qui ont besoin d'être mis au jour et la plupart du temps,
transformés, qui donnent ainsi naissance, avec le développement
toujours croissant de nos besoins, à une infinité de travaux. Pour
ces travaux de tout genre, la culture ou l'industrie sous toutes
ses formes, il faut nécessairement, dans l'état actuel des choses, et
encore ne parlons-nous ici que de la satisfaction de nos besoins
matériels, la collaboration incessante de ceux qui possèdent
actuellement le sol ou les matières premières qu'il nous fournit,
et de ceux qui, ne possédant rien que leurs bras, peuvent aider
à l'exploitation de ce sol, à l'élaboration de ces matières premières.

Or, il est facile de concevoir que les deux services essentiels
ainsi échangés, d'une part celui que rendent les propriétaires à
ceux qui ne possèdent rien, en mettant à la disposition de ces
derniers la matière première du travail, et d'autre part celui que
rendent ceux qui ne possèdent rien aux propriétaires, en transformant par leur travail cette matière première, donnent naissance à
une multitude d'autres services particuliers qui feront l'objet
d'échanges spéciaux. Pour en donner une idée complète, il faudrait
énumérer ici, ce qui est impossible, la diversité prodigieuse et
chaque jour accrue des choses utilisables et des travaux qui les
rendent telles. Tous les métiers, tous les modes d'exercice de
l'activité humaine s'appliquant aux choses, dans toutes les conditions, à tous les degrés de préparation de ces choses avant qu'elles
puissent être utilisées, supposent l'échange primordial de services
entre ceux qui détiennent les matériaux bruts avec la terre elle-
même, et ceux qui peuvent exploiter cette terre, aider à sa culture
ou élaborer les matériaux qu'elle fournit. Et ils ne sont possibles,
à leur tour, que grâce à un système plus ou moins bien organisé
d'échanges de services, dont la complexité est en quelque sorte

illimitée, mais où tout se tient. Un tel système n'aurait pu s'établir
sans l'existence de la monnaie qui sert de commune mesure à tous
ces services si différents, qui permet d'établir entre eux des relations définies, en un mot de les *vendre* et de les *acheter* moyennant un *prix*, qui est l'expression exacte de leur valeur, sous
l'influence d'une loi d'une rigueur à peu près mathématique : la
loi de l'offre et de la demande. Il est facile, en effet, de comprendre
que plus un service sera demandé, plus son prix sera élevé, tant
que l'offre du même service restera stationnaire, c'est-à-dire tant
qu'il sera difficile de se le procurer. Un service, au contraire, plus
facile à obtenir que désiré ou demandé, n'aura que peu ou pas de
valeur, et cessera, pour ainsi dire, d'être réellement un service
échangeable.

Mais ce n'est pas pour le plaisir de fournir et de produire, ou
de travailler pour rendre utilisables les matériaux fournis, que
propriétaires et travailleurs de tout genre se rendent mutuellement
ou échangent tous les services dont nous venons de parler. Il faut
que les choses ainsi rendues utilisables soient utilisées en effet, et
la société se trouve, à ce point de vue, partagée en deux groupes
qui sont dans la relation mutuelle des producteurs et des consommateurs. Ce sont là les termes extrêmes et nécesaires de tout
rapport économique. Pas de consommation sans production, pas
de production sans consommation. Nous n'obtenons rien de ce qui
nous est nécessaire sans travail actuel ou antérieur, accompli par
nous ou par d'autres, et un travail, une production qui ne servirait
pas à une consommation, qui, n'ayant pas de débouchés, serait
inutile, un service, d'une manière générale, qui ne trouverait à
s'échanger contre aucun autre service, ne pourrait pas se continuer. Sans doute, nous pouvons être à la fois producteurs et
consommateurs de la même chose. Mais nous avons surtout à
considérer ici le cas beaucoup plus ordinaire, étant donnée la
diversité des conditions et des occupations humaines, où le produc-
teur et le consommateur sont différents. Encore faut-il bien entendre que tous les propriétaires et tous les producteurs sont aussi des
consommateurs, puisqu'ils font nécessairement usage des produits
les uns des autres. Parmi les consommateurs, au contraire, il en
est beaucoup qui ne produisent rien actuellement, soit qu'ils n'en
aient pas encore la force, soit qu'ils n'aient pas trouvé de travail,

ou soit enfin parce qu'ils peuvent vivre sur l'épargne qu'ils ont faite ou qu'ils ont reçue en héritage.

Tout dépend donc, en définitive, dans une société égoïste et organisée conformément à la justice, des rapports de la production et de la consommation. Celle-ci demande ce dont elle a besoin, celle-là offre ses produits. Suivant les variations, dues à mille circonstances, de cette offre et de cette demande, le prix des produits s'élève ou s'abaisse. Les intérêts des consommateurs et des producteurs sont naturellement contraires, au moins en apparence ; les premiers désirent *acheter* au meilleur marché possible ; les seconds cherchent à *vendre* le plus cher qu'ils pourront. Ni les uns ni les autres ne sont les maîtres des prix. La valeur des produits se fixe d'après la concurrence que se font entre eux les consommateurs et d'après celle aussi qui s'établit entre les producteurs. Il est aisé de se rendre compte de cette vérité. Si un produit d'une utilité certaine tend à baisser, le nombre s'augmentera de ceux qui pourront se le procurer ; la demande augmentera et les prix tendront à remonter. De même, si un produit généralement demandé se maintient à un prix élevé, il surviendra d'autres producteurs désireux d'en bénéficier ; mais leur intervention, en augmentant l'offre de ce produit, en fera nécessairement diminuer la valeur : avec la même somme d'argent on en obtiendra davantage, ou la même quantité sera payée par une somme plus petite.

Mais la production et la consommation n'ont que rarement les relations directes que nous venons de supposer. Elles ont pour intermédiaire ce que l'on appelle d'un terme général le *commerce*. Les commerçants, les marchands (encore faudrait-il distinguer les marchands en gros et les marchands au détail, mais nous ne pouvons entrer ici dans toutes les subdivisions que comporterait ce sujet) achètent aux producteurs, aux fabricants, comme on dit, ce qu'ils croient de nature à satisfaire un certain nombre de consommateurs, ou leur clientèle. Ils le conservent jusqu'à ce que leurs clients — ou leurs pratiques — en aient besoin. Ils leur rendent ainsi le service de leur mettre comme sous la main ce qu'il leur faut, et il est naturel qu'ils se fassent payer ce service en majorant dans une certaine mesure le prix qu'ils ont payé. La double concurrence, dont nous parlions tout-à-l'heure, servira encore ici à régler en définitive la valeur des marchandises. Clients

et marchands ne luttent pas seulement entre eux : ils ont encore à
se défendre contre l'augmentation des demandes ou l'augmentation
des offres. Et ce n'est pas au hasard que nous employons les
expressions *lutter* ou se *défendre* qui rappellent la guerre ! Sous
les formes les plus courtoises, en général, c'est bien d'une guerre
qu'il s'agit ici. L'égoïsme est, nous l'avons reconnu, le mobile de
ces rapports et leur fin. On accorde bien qu'il faut observer la
justice ou le droit, c'est-à-dire reconnaître l'égoïsme d'autrui, et ne
rien faire qui l'empêche de s'équilibrer avec le nôtre. Mais comme
il ne s'agit pas ici d'attenter ouvertement au droit d'autrui, et
qu'autrui peut sembler en mesure de se défendre et reste d'ailleurs
toujours libre, à la rigueur, de ne pas subir telles ou telles
exigences, on tâche de se faire payer le plus possible le service
rendu. De là, ces prix d'abord surfaits et ces marchandages encore
si fréquents. L'usage tend à s'établir cependant du prix fixe, c'est-
à-dire du prix minimum tout de suite demandé, qui exclut tout
débat.

Il semble superflu et il est cependant très nécessaire de dire
que ces rapports de la production et de la consommation doivent
être entièrement libres. Les prix ne doivent dépendre que du libre
jeu de l'offre et de la demande. La concurrence entre les vendeurs,
comme la concurrence entre les acheteurs, ne doit être gênée en
rien. Toute entrave apportée aux relations des uns et des autres,
de quelque genre que ce soit, aurait fatalement pour résultat de
faire varier arbitrairement la valeur des produits au profit des
uns, au détriment des autres, et constituerait un attentat à la
justice telle que nous l'avons définie. La liberté, au contraire, favo-
rise toute initiative et d'ailleurs se limite d'elle-même quand il le
faut. C'est à elle que sont dus tous les progrès, le développement
des besoins et celui de la production des objets propres à les satisfaire, la circulation intensive de la monnaie nécessaire à l'échange
des services, la formation aussi des épargnes grâce auxquelles de
nouveaux capitaux s'accumulent, indispensables à de nouvelles
entreprises. Ces capitaux, véritables marchandises, soumises
comme les autres, pour leur valeur, à la loi de l'offre et de la
demande, peuvent être centralisés par les *Banques* qui les mettent
à la disposition du travail. Grâce à la liberté des transactions, qui
n'est possible que par l'observation constante de la justice dont

elle est, en quelque sorte, la fleur, le *crédit* s'affirme, et des ressources plus ou moins considérables sont confiées sur leur parole à ceux qui se sont montrés capables d'en tirer le meilleur parti. Il s'établit ainsi une complexité croissante d'intérêts qui se soutiennent mutuellement, qui supposent une confiance réciproque et qui sont, pour le plus grand bien de tous, la plus haute expression de l'égoïsme éclairé et calculateur dont sont animés tous les membres d'une société de personnes assurées de leur propre individualité, de leur indépendance réelle et de leur solidarité volontaire.

II

LE ROLE DE L'ÉTAT

———

Nous venons d'esquisser un tableau qui est encore fort éloigné, il faut le reconnaître, de ressembler exactement à la réalité. Ce libre jeu de l'activité humaine se heurte, en effet, à différents obstacles que nous devons signaler avant d'aborder le détail de notre sujet.

Nous avons raisonné comme si nous n'avions affaire qu'à des intérêts particuliers, d'une part, et comme si, d'autre part, nous n'avions aucune relation avec des nations étrangères. Or, nous formons nous-mêmes une nation, un État, nous avons un gouvernement qui est chargé de veiller à des intérêts communs, souvent difficiles à concilier avec les intérêts individuels, et nous sommes entourés de peuples dont les intérêts sont la plupart du temps en conflit avec les nôtres.

Avant d'entrer dans quelques développements touchant le rôle de l'État, il nous faut dire à quelles personnes il appartiendra de le représenter et d'exercer le gouvernement de la société.

S'il y avait quelque signe certain auquel on pût reconnaître les hommes les plus éclairés, à la fois, et les plus passionnés pour la justice, c'est à ceux-là qu'appartiendrait naturellement le soin de gérer les affaires publiques. On conçoit, à la rigueur, *un bon tyran* qui n'aurait en vue que l'intérêt général, un gouvernement monarchique ou aristocratique qui ne sacrifierait jamais à son intérêt particulier l'intérêt de la communauté. Mais quelle garantie pourrions-nous avoir qu'un tel gouvernement serait incapable de se tromper ou d'ignorer ce qui est juste, et incapable en même temps de devenir injuste un jour par intérêt? L'expérience nous a assez montré le danger de nous fier à la sagesse et à l'amour de la justice que nous avions supposés chez nos gouvernants. Il faut faire nos affaires nous-mêmes; il nous faut ce qu'on appelle des droits politiques, dont l'exercice est encore le meilleur moyen de nous préserver, autant que possible, d'un mauvais gouvernement. Par leur nature même, ces droits sont soumis à des limitations nécessaires ; ils ne doivent appartenir qu'à ceux qui peuvent les exercer sans dommage manifeste pour la communauté, à l'exclusion, par conséquent, des mineurs, des aliénés et de certaines catégories de condamnés. En France, tous les citoyens, à partir d'un certain âge, ont des droits politiques, c'est-à-dire le droit, d'une manière générale, de participer au gouvernement des affaires publiques en choisissant directement ou indirectement ceux qui seront chargés de faire les lois, de les faire appliquer et de poursuivre ceux qui les violent. Pourquoi les femmes, dans ce domaine, n'ont pas encore les mêmes droits que les hommes? c'est une question aujourd'hui très débattue, mais trop complexe et trop délicate pour que nous puissions utilement l'examiner ici. Nous n'avons pas non plus à rechercher si le suffrage universel ne devrait pas, dans l'intérêt même de la justice, recevoir une meilleure organisation. Nous nous bornons à indiquer sur quel principe il est fondé.

Ainsi, puisqu'il n'est pas possible de trouver une marque extérieure et infaillible à laquelle on puisse reconnaître la sagesse et la vertu, qui seules justifieraient pleinement une participation quelconque à l'administration de la chose publique, il ne reste qu'à laisser le peuple tout entier se prononcer par son choix sur l'aptitude de ses représentants et de ses chefs. Prendre part à ce choix, c'est, par suite, sous la réserve des exceptions que nous avons indiquées, le droit de tous les adultes De cette manière seulement, pourront être conservées, autant que le comporte l'imperfection humaine, la justice et l'impartialité dans la surveillance des rapports sociaux, et assurée la défense des droits essentiels de chaque individu. Les lois auxquelles nous obéissons désormais sont, au moins d'une manière indirecte, notre œuvre, et c'est aussi à cette seule condition que les besoins et les droits de toutes les classes de la société seront satisfaits et sauvegardés. Ajoutons enfin que les citoyens y gagnent de ne pas rester renfermés dans le cercle étroit de leurs intérêts particuliers et de s'élever à la conscience d'intérêts généraux.

Que cette façon de concevoir et de constituer un gouvernement puisse être la source d'une série interminable de conflits, ce n'est pas douteux. Il ne faut ni s'en étonner, ni s'en plaindre. Ces luttes de partis, avec l'égoïsme qui fait encore le fond de la nature humaine, sont la vie même d'un peuple. Elles suscitent de continuels déplacements de majorités, et il n'y a pas d'injustice à ce que dominent successivement les intérêts de ces majorités éphémères ; il y en aurait une, au contraire, dans la domination d'une classe qui réussirait à imposer le respect de ses privilèges.

Mais quelle que soit la *couleur* d'un gouvernement, son rôle, étant donnés les principes que nous avons admis, se réduit strictement, à prévenir ou, quand elle s'est produite, à réprimer toute violation de la justice. C'est, il est vrai, une tâche fort complexe et qui se subdivise en des tâches diverses. Nous allons rapidement indiquer celles qui se rapportent plus étroitement au sujet de notre étude, d'abord au dedans, et ensuite vis-à-vis de l'étranger.

Les travaux d'ordre général sont destinés à favoriser l'expansion d'égoïsmes disciplinés, tenus en équilibre. Routes, chemins de fer, canaux, télégraphes, etc., sont la condition même des relations de tout genre par lesquelles se manifeste l'activité d'une nation. Rien de plus naturel et de plus nécessaire que la haute surveillance de l'État en ces matières et son intervention directe, si personne ne se présente pour s'en occuper à sa place. Mais il est facile de comprendre combien il est avantageux que ces grands travaux soient laissés, quand c'est possible, à l'initiative individuelle. Par là, j'entends ces grandes entreprises pour lesquelles des sociétés se constituent librement, réunissent les capitaux indispensables et en règlent l'emploi dans les périodes successives de la construction et de l'exploitation. La garantie du bon emploi des fonds communs se trouve dans l'intérêt même de ceux qui les ont volontairement avancés ; on peut compter sur ce mobile pour que tout ce qu'il faut, et rien de plus, se fasse de la manière la plus utile, la plus propre à assurer le succès. L'État ne dispose pas, comme ces sociétés, de capitaux qui lui appartiennent en propre ; il faut qu'il les demande à l'impôt ou à des emprunts gagés sur l'impôt ; ses ingénieurs ne sont pas directement intéressés au bon usage d'un argent que les contribuables lui ont abandonné ; ils ne veilleront pas toujours à l'observation d'une stricte économie ; ils pourront en revanche, il est vrai, oser davantage et faire mieux que les mandataires d'une société privée ; leurs travaux serviront ainsi de modèles, à certains égards ; mais autant il est à souhaiter qu'une sorte de concurrence s'établisse entre les particuliers et l'État, au grand profit de l'intérêt public, autant il faut se féliciter que le poids de toutes les entreprises d'intérêt général ne retombe pas sur l'ensemble des citoyens, qu'elles ne soient pas toutes à la charge de l'impôt, ou, ce qui revient au même, des emprunts d'État.

L'administration proprement dite, c'est-à-dire l'établissement de certains règlements d'ordre public, et la surveillance de leur observation, se partage, aussi, non pas entre l'État et des particuliers, mais entre l'État et certaines circonscriptions plus restreintes, le Département, le Canton, la Commune, et il serait vivement à souhaiter que, dans bien des cas, la préoccupation d'une bonne administration régionale ou locale l'emportât dans les esprits sur les soucis, quelque légitimes qu'ils puissent être, de la politique générale. On comprend cependant aussi qu'il importe de laisser sous la tutelle, de plus en plus libérale, il faut le souhaiter, de l'autorité centrale, ces administrations particulières, pour concilier, dans tous les cas, autant que possible, les intérêts divers des différentes régions et maintenir l'unité nationale.

Mais ce qui appartient plus particulièrement en propre à l'État, c'est l'administration de la Justice et le soin de pourvoir à la sûreté du pays contre les dangers extérieurs, aussi bien d'ordre économique que d'ordre politique.

C'est, en effet, un principe incontesté que nul ne doit, en dehors d'un cas de force majeure, se faire justice à soi-même. Reconnaître, en dehors d'une nécessité impérieuse, ce droit de défense individuelle, ce serait substituer un état de guerre perpétuel à la paix sociale, et s'exposer à voir prédominer la force et la passion où la loi seule doit régner. Sans doute, la violation du droit équivaut à une renonciation expresse pour soi-même du droit méconnu dans autrui. Mais c'est à l'État, représentant de la société impartiale, ou à ses délégués, qu'il appartient de rétablir l'équilibre ainsi troublé des égoïsmes. De là, l'institution des tribunaux de différents degrés, établis pour assurer les droits de la défense aussi bien que ceux de l'accusation, avec toutes les précautions nécessaires pour sauvegarder la liberté de tous, et toutes les mesures requises pour s'approcher peu à peu de l'idéal encore bien éloigné où le mal cessera d'être le remède du mal, et la force l'unique défenseur du droit.

C'est dans les relations de peuple à peuple que ce recours à la force est encore trop souvent le seul moyen de faire prévaloir la justice, c'est-à-dire de maintenir l'équilibre des égoïsmes. Les peuples sont encore, en effet, les uns vis-à-vis des autres dans cet état de nature, si l'on peut ainsi parler, où les individus seraient demeurés s'il n'y avait pas, pour régler leurs conflits, des tribunaux. On a tenté, on essaie encore d'établir entre eux une sorte d'organisation dont le principal effet serait de soumettre tous leurs différends à l'arbitrage. Déjà, en fait, des guerres ont été empêchées par ce moyen. Mais trop d'exemples encore prouvent que nous sommes bien loin du moment où l'humanité jouira d'une paix perpétuelle. En attendant, le plus sûr est d'être fort, d'organiser dans chaque pays, ou d'entretenir des armées pourvues de toutes les ressources que le progrès même de l'industrie a développées et rendues nécessaires, et, en principe, tous les citoyens doivent à leur patrie de se tenir prêts, s'il le faut, à combattre pour sa défense.

Mais la guerre entre les peuples peut régner et règne constamment sous les dehors les plus pacifiques, et dans le repos des armes. Cette guerre constante, souvent acharnée, plus âpre entre tels ou tels peuples, c'est la concurrence commerciale, c'est la lutte pour le développement de l'industrie et du commerce. Elle aboutit nécessairement à des mesures que les États, défenseurs naturels des sociétés dont ils sont les interprètes autant que les gardiens, doivent prendre pour protéger les industriels et les commerçants de leur pays. Certes, la doctrine du *laissez faire et laissez passer* peut sembler, au premier abord, séduisante. Quoi de plus simple, dirait-on, que de favoriser, au lieu de l'entraver, cette concurrence des peuples, comme, dans les limites de chaque nation, on laisse le champ libre à la concurrence des individus? Les bons effets que celle-ci produit pour le perfectionnement de l'industrie et les accroissements continuels de la production et de la consommation, c'est-à-dire pour la circulation et l'augmentation des richesses, ne pourrait-on les attendre aussi de celle-là? Qui empêche de rêver à cette heureuse répartition des forces productrices par toute la surface de la terre, qui distribuerait le travail suivant les circonstances les plus favorables : ici, la culture du blé ; là, celle de la vigne ; ailleurs, l'élevage ; ailleurs encore, la production des forêts et leur meilleur aménagement, et, suivant les cas, les industries métallurgiques, celles des tissus, les exploitations minières, etc., en même temps que partout on supprimerait ces barrières de douanes, sorte de murailles chinoises qui entravent l'industrie, le commerce, et font perdre au travail, sous toutes ses formes, une bonne partie de ses résultats ?

Il suffit de poser ainsi la question pour voir combien nous sommes encore éloignés de ce genre de concurrence, ou plutôt de cette collaboration universelle pour le plus grand bien de tous. Cet idéal, en effet, suppose d'abord plus qu'une confédération ; il exigerait une réelle fraternité des peuples, qu'on doit bien souhaiter pour je ne sais quel avenir, mais qui est dans le présent le contraire exactement de ce qui existe. Et puis, et surtout, il suppose, en second lieu, que les conditions du travail sont partout les mêmes, partout aussi favorables que possible à sa plus grande productivité.

Or, dans l'état actuel des choses, et c'est sur quoi il faut insister, les conditions du travail sont très différentes d'un pays à l'autre. Pour ne parler que de ce qui nous concerne directement, ces conditions sont en France des plus onéreuses. Dans ce pays où domine, en particulier par suite de l'abolition du droit d'aînesse, la petite propriété, et où les impôts sont élevés presque au maximum, la production d'un hectolitre de blé, par exemple, est plus coûteuse que dans les pays de grande propriété où les charges pèsent moins lourdement sur les contribuables, où la vie est moins chère par conséquent, et où la main-d'œuvre est nécessairement aussi à meilleur marché. Tenons-nous en à cet exemple par lequel peut aussi bien s'éclairer tout le reste. Si, dans notre pays, l'agriculture est laissée sans défense, si elle n'est pas protégée dans une certaine mesure, si le cultivateur français, Pierre, n'est pas défendu contre Paul, cultivateur étranger, c'est-à-dire si le blé de ce dernier ne supporte pas pour entrer en France certaines charges ou, comme on dit, certains droits, les choses se passent absolument comme si l'on prenait dans la poche de Pierre pour donner à Paul.

Pierre est spolié, dévalisé, et bientôt réduit à suspendre tout travail, à laisser en friche son champ.

Mais, dira-t-on, ce système de protection a les pires conséquences. D'abord il est funeste au consommateur qui paiera plus cher que sous un régime de libre-échange. Ensuite, les autres peuples exerceront des représailles qui, pesant sur nos exportations, doivent nous empêcher de trouver pour nos produits des débouchés et de développer par conséquent notre commerce extérieur, source importante pour nous de richesse.

Sur le premier point, nous répondrions que les consommateurs eux-mêmes sont intéressés à ce qu'un certain niveau soit maintenu pour le prix des produits de notre sol et ne notre industrie. En même temps que consommateurs, en effet, ils sont, pour la plupart, producteurs aussi, ou intéressés dans diverses entreprises de production. Et, de plus, il leur importe beaucoup que le pays produise le plus possible de tout ce qui peut, de toutes façons, servir aux besoins de la vie. Ce serait sans doute un grand malheur à beaucoup d'égards qu'une rupture de nos relations avec tel ou tel autre peuple ; mais une nation doit pouvoir être, le cas échéant, en mesure de se suffire, et, pour cela, il est nécessaire de soutenir et d'aider, s'il le faut, à se développer tous les genres de travaux et d'industries.

Quant au second point, il est possible que les autres nations nous opposent à leur tour des droits en manière de représailles, et nos exportations peuvent en souffrir. Mais il est bien plus probable encore qu'elles n'auront pas attendu que nous ayons pris les premiers cette initiative : elles sont assez naturellement portées d'elles-mêmes, à moins d'être déjà maîtresses des marchés, à protéger leurs diverses industries, et ce sera toujours, en définitive, par la supériorité de nos produits que nous devrons nous efforcer ou d'acquérir ou de garder nos débouchés.

Les divers États font de ces questions de droits et de tarifs à leurs frontières l'objet de leur principale étude. Ils cherchent à les résoudre de mille manières : tarifs, drawbacks, primes à l'exportation, etc., etc. Les traités de commerce sont des instruments moins de paix que de luttes, mais servent du moins à régler, au mieux des intérêts de chaque contractant, les conditions de cette guerre incessante. Et souvent la guerre proprement dite n'a pas d'autre cause que la difficulté de s'entendre sur ces problèmes économiques, et l'envie de *prendre*, quand il serait juste d'*échanger* seulement.

Or si la justice, c'est-à-dire le respect mutuel des égoïsmes avec la ferme volonté de les garder en équilibre, gouvernait les rapports des peuples, il semble que toutes ces difficultés seraient bientôt aplanies. Il suffirait, en effet, d'établir aux frontières des *bureaux de compensation*, dans lesquels se ferait de bonne foi la péréquation internationale des tarifs, et nous cesserions alors de donner cinq sous à Paul pour ce qui ne lui a coûté que quatre sous. Et à qui prend-on ce sou supplémentaire ? On le prend manifestement à Pierre. Ce n'est pas que le travail de Paul ne soit, au point de vue de l'effort déployé, l'équivalent de celui de Pierre; mais Pierre, encore une fois, supporte des charges plus lourdes que celles de Paul, et il n'est pas étonnant alors qu'il ne puisse, pour reprendre notre exemple, produire l'hectolitre de blé à 15 francs. La faute n'en est pas à lui, mais au gouvernement de son pays, et à celui aussi de Paul, qui n'a pas encore adopté, comme celui de Pierre, le régime de la propriété individualisée en donnant aux enfants des droits égaux à la succession du père. Avec le libre-échange, Pierre sera donc la dupe de Paul à qui, d'ailleurs, on ne prend rien en lui imposant certains droits. Encore faut-il ajouter que le mot *protection* que l'on emploie ici n'est pas juste : protège-t-on quelqu'un, à proprement parler, quand simplement on s'abstient de le voler ?

En résumé, la propriété étant individualisée ici, et ailleurs ne l'étant pas au même degré, il y a nécessairement entre notre pays et les autres une différence dans leur manière d'être administrés qui a sur la valeur réelle des produits ici et là une influence dont la loi doit tenir le plus grand compte. C'est affaire au gouvernement, à l'État, de prendre telles mesures qui mettraient Pierre et Paul sur le pied d'égalité, sans quoi il n'y a pas de justice. Que les choses changent, par degrés, avec le temps, et qu'un jour puisse venir où de pareilles mesures seront superflues et où le libre-échange, dans toute la force du terme, sera enfin possible, nous pouvons et devons le souhaiter ; mais il s'agit ici du présent.

On voit d'ailleurs pourquoi le libre-échange entre les populations du nord et celles du midi de la France, par exemple, ne doit préoccuper ni l'économiste ni le législateur. Les conditions d'une même nationalité égalisent les charges de la production, et si un Français ne trouve pas son avantage à rester dans un département et qu'il veuille aller dans un autre, rien ne l'en empêche. La concurrence se développe ainsi entre les habitants d'un même pays sans entraves d'aucune sorte, au grand profit, sinon de tel ou tel individu, du moins de la communauté prise dans son ensemble.

Dans la société égoïste, fondée sur la justice, c'est-à-dire sur l'équilibre des égoïsmes, les services publics dont l'État ou le gouvernement a la charge, exigent beaucoup d'argent. Cet argent est fourni par l'impôt. On appelle ainsi : les contributions directes, portant directement sur les personnes, et les contributions indirectes dont sont frappés certains objets de consommation et qui n'atteignent qu'indirectement les personnes, en ce sens que celles qui les supportent ne sont pas nominativement désignées d'avance et ne les paient qu'autant qu'elles font usage des objets frappés de ces droits. Il ne nous est pas possible ici d'entrer dans un examen détaillé des diverses sortes d'impôts. En principe, c'est la société elle-même, par ses représentants, qui établit la loi de finances, en vertu de laquelle chaque année sont fixés le budget des dépenses, et le budget des recettes grâce auxquelles ces dépenses pourront être payées. Nous sommes tous obligés par cette loi que nous avons en quelque sorte votée nous-mêmes, comme il est naturel. d'autre part, que nous supportions les charges communes en compensation des avantages communs dont nous jouissons. En principe, également, ces charges doivent être réparties en proportion des avantages que nous retirons de l'état social. L'avantage qui domine tous les autres est celui de pouvoir jouir en toute sécurité du fruit de notre travail ou du travail de ceux qui nous ont précédés, c'est-à-dire de notre propriété ou de nos biens. Les charges doivent donc être réparties en proportion de ces biens. Mais autant cette règle générale est par elle-même claire et juste, autant il est malaisé de l'appliquer. On se heurte, dans la pratique, à une foule de difficultés. Les égoïsmes individuels se défendent, se dérobent le plus possible aux charges qu'il est cependant nécessaire de leur imposer. Quoi de plus simple au premier abord, et de plus rationnel que de fixer d'après le revenu, de chacun, sa contribution aux dépenses publiques? Mais quel sera le moyen de connaître ce revenu? Et comment le distinguer sûrement des biens engagés dans la production d'autres biens, c'est-à-dire du capital? Or, s'il est une maxime qui mérite d'être prise en considération, c'est que le travail doit être affranchi de toute entrave et la production de la richesse, dans l'intérêt même de la société, rendue le plus libre et le plus facile qu'il se pourra. Et même peu importe, pourrait-on dire, l'énormité des charges publiques si elle ne compromettent pas l'expansion de l'initiative individuelle !. On doit y voir plutôt un signe de la richesse publique ; il est naturel que les services publics se développent, et par conséquent coûtent de plus en plus cher, à mesure que l'état social s'améliore dans toutes les directions. Cette amélioration même crée constamment, en effet, de nouveaux besoins auxquels il faut satisfaire. Mais elle n'est réelle qu'autant que les richesses individuelles s'augmentent elles-mêmes, et elles ne peuvent s'accroître que si les entreprises particulières ne sont pas gênées par toutes sortes de mesures vexatoires.

De là, cette nécessité pour le législateur de chercher les formes d'impôt les plus propres à assurer les services publics, avec toutes leurs exigences, sans compromettre aucunement la fécondité du travail. De là, ces tâtonnements, qui se traduisent par tontes sortes d'expédients, pour faire supporter par la richesse acquise, elle-même très habile à se dissimuler, et toujours prête même à s'expatrier, s'il le faut, la plus lourde part comme la plus juste, des contributions. Ce que valent ces expédients ou ces mesures, l'expérience le fait voir au jour le jour, et de jour en jour aussi on les remanie, on les corrige. C'est une lutte, pour ainsi dire, continuelle entre le Trésor, auquel nous convenons volontiers que nous sommes obligés tous ensemble de contribuer, et chacun de nous, toujours préoccupé de faire supporter aux autres, de préférence, cette obligation. S'il n'est pas de ressources que le législateur ne se montre ingénieux à créer, il n'est pas de ruses que le contribuable n'invente pour n'avoir pas à les fournir. Nous sommes bien éloignés, si nous devons jamais y arriver, du temps où tous les citoyens s'empresseraient de payer sur les biens dont la société leur garantit la jouissance, la 'part proportionnelle ou même progressive, s'il le fallait, et où les frais de perception n'absorberaient pas une grosse part des revenus publics.

III

L'ASSOCIATION

DU PATRON ET DE L'OUVRIER

De même que la société n'est rien en dehors des individus qui
la composent, la communauté ne prospère qu'autant que la prospérité de chacun peut librement se développer, et ce développement lui-même dépend du travail de chacun. Le travail, d'une
manière générale, consiste dans l'effort nécessaire pour assurer
la transformation des produits naturels qui les rendra utiles et
leur donnera ainsi de la valeur. Or, on doit distinguer deux sortes
de produits naturels, et par conséquent deux sortes de travaux.

Ce sont déjà des produits naturels, en ce sens qu'ils se forment
d'abord spontanément et sans notre intervention, que les idées et
les sentiments sans lesquels il n'y a pas, à proprement parler, de
personne humaine. Laissant ici de côté la question de la substance
par laquelle nous nous croyons constitués au fond, nous avons tous
un certain nombre d'idées et de sentiments. Les idées sont en nous
la représentation de nous-mêmes et des choses qui nous entourent.
Nous pouvons nous appliquer à les combiner de diverses manières
suivant des méthodes certaines, en établir les rapports, et obtenir,
avec du travail, qu'elles nous représentent fidèlement ce qui est.
Grâce à cette représentation de plus en plus exacte du monde, à la
connaissance de plus en plus rigoureuse des lois suivant lesquelles
sont liés les faits qui le composent, nous devenons peu à peu les
maîtres de ce monde, et de jour en jour nous sommes plus capables
d'en faire servir les forces à notre avantage. Le travail intellectuel,
qui transforme et organise ainsi les idées, a pour objet et pour fin
la connaissance et, par elle, la domination de ce que l'on appelle
la nature. Il a ce caractère d'être, en quelque sorte, infini comme

cette nature elle-même à laquelle se rapportent nos idées, et ce caractère en fait aussi la noblesse. Nous devons au travail intellectuel toutes les sciences, la distinction qu'on a faite entre elles, leur classification, comme les subdivisions qui dans la suite des temps, en ont étendu et en étendent encore le domaine. C'est à ce même travail, s'appliquant à nos sentiments et aux diverses combinaisons des signes qui peuvent les émouvoir chez les autres, mais obéissant alors à d'autres lois, plus faciles, grâce à l'inspiration, au génie, à traduire en actes qu'à formuler, et dont les applications seules intéressent la foule des spectateurs ou des auditeurs, que nous devons la poésie et les beaux-arts. Découvrir le vrai, faire resplendir en la créant la beauté, telles sont les deux fins par excellence du travail intellectuel, fins éminemment utilitaires à considérer leur influence sur le développement de la civilisation, et en même temps désintéressées, si l'on songe que le savant et l'artiste sont bien moins soucieux de produire des valeurs immédiatement échangeables que de se rapprocher le plus possible d'une perfection idéale. Leurs œuvres peuvent entrer cependant, sous une forme ou sous une autre, dans le commerce, et subissent alors la loi primordiale de l'offre et de la demande qui en fait varier les prix sans limites. Mais de leur nature même, elles sont malaisément assimilables à des objets de propriété individuelle. Leur essence est de se répandre parmi les hommes, de devenir leur propriété commune, et c'est là encore une raison de la noblesse du travail intellectuel.

Cette première sorte de travail est le privilège d'une minorité. Il suppose, en effet, des loisirs, et par conséquent quelques biens, qui dispensent d'employer tout son temps à gagner sa vie. La grande majorité des hommes se livre au travail manuel, par lequel les produits naturels que fournit le monde extérieur, les choses auxquelles répondent nos idées, sont adaptés à nos besoins. La diversité des tâches proposées à l'activité humaine est en quelque sorte illimitée et s'accroît tous les jours avec le nombre des besoins à satisfaire, avec le développement de la civilisation. Et à mesure que cette diversité s'est accrue, s'est aussi accrue la spécialité de chaque espèce de travail manuel qui ne peut bien s'exécuter que par une longue habitude et grâce à la répétition des mêmes actes, des mêmes mouvements.

Est-ce à dire qu'il y ait entre le travail intellectuel et le travail manuel la séparation que nous semblons indiquer par la nécessité de les distinguer nettement ? En réalité, ils sont inséparables de deux manières. D'abord, l'homme n'est pas une machine ; il doit savoir ce qu'il fait, et l'intelligence (les idées) doit s'exercer en même temps que ses muscles, pour qu'il puisse apprendre même le plus simple des métiers. A la longue seulement, et par l'habitude, ses idées s'incorporant, en quelque manière, dans ses mouvements, il fait avec une précision mécanique ce qu'il doit pour accomplir la tâche prescrite et primitivement réglée par l'intelligence. Ensuite, c'est toujours un travail intellectuel qui dirige et gouverne la diversité des actes manuels en vue d'une fin unique. Mais dès que la tâche devient un peu compliquée, et surtout lorsqu'il s'agit de ces grandes entreprises où concourent un grand nombre d'individus, le succès n'est assuré que si le travail intellectuel et le travail manuel sont exécutés par des personnes distinctes, les unes, ou même une seule se chargeant d'organiser, de diriger et de surveiller l'œuvre commune, les autres accomplissant tous les travaux manuels qu'elle rend nécessaires. On est ainsi tout naturellement conduit à la distinction des patrons et des ouvriers.

D'une manière générale, il n'y a pas d'association, de collaboration plus naturelle, que celle du patron et de l'ouvrier. Elle ressemble à celle que forment, dans le corps humain, la tête, où s'élaborent les projets et se fixent les résolutions, d'une part, et, d'autre part, les membres, bras ou jambes, par lesquels ces résolutions se changent en actes. Mais, tandis que les membres, en dehors des cas heureusement rares de paralysie, obéissent immédiatement aux décisions prises par le cerveau, à tel point que leurs mouvements apparaissent comme une suite nécessaire de ces décisions, sans qu'il nous soit possible, même quand nous connaîtrions en détail le mécanisme intérieur des nerfs et des muscles dont nous n'avons d'ordinaire aucune idée, de nous expliquer cette relation, réduits que nous sommes à la constater seulement, les membres, c'est-à-dire les ouvriers, dans l'association qui nous occupe, ont leur personnalité, et il faut qu'ils obéissent avec réflexion, avec une docilité voulue, aux ordres qu'ils reçoivent. Il peut donc y avoir ici des conflits, qui ne se présentent jamais entre la tête et les bras ou les jambes. C'est que cette vénérable comparaison, il faut bien en convenir, pèche encore en un point : des produits de l'organisme, la tête et les membres retirent exactement ce qui leur revient pour le bon exercice de leurs fonctions. En est-il toujours de même de ceux qui demandent et de ceux qui fournissent le travail? Nous y reviendrons un peu plus tard.

Considérons, pour le moment, la collaboration régulière, pacifique, du patron et de l'ouvrier. C'est à elle que sont dus tous ces travaux dont l'ensemble fait à la fois l'honneur et le plus clair profit de l'humanité. Depuis le plus modeste atelier jusqu'à ces installations gigantesques qui exercent des milliers de bras et exigent la mise en train des plus puissantes machines, l'intelligence et la force, à tous les degrés, s'unissent pour la satisfaction de tous les besoins et le perfectionnement incessant des produits qui lui sont nécessaires. La diversité de ces travaux est infinie. Aux champs, dans les fabriques, sur le sol et dans les mines, par les chemins de la terre, des fleuves, des rivières, des canaux et de la mer, cette union de la pensée qui dirige et commande, et des muscles de chair et de fer qui obéissent, se traduit dans les actes les plus variés, en vue de fins particulières sans nombre, toutes subordonnées, en fait, à un but unique et supérieur, le bonheur du plus grand nombre.

Elle suppose, d'une part, une connaissance précise, chez le patron, des fins immédiates à poursuivre et des moyens de les atteindre, et, d'autre part, chez l'ouvrier, une parfaite confiance dans les ordres reçus et, avec la docilité, l'énergie nécessaire pour les exécuter. Le premier effet du travail ainsi organisé, c'est donc l'ordre et la discipline qu'il impose à ceux qui y participent. Il se forme comme autant d'états dans l'Etat, où le patron gouverne, où l'ouvrier reçoit la loi et s'y soumet. Plus l'entreprise est importante, plus les règlements sont utiles, et lorsqu'elle emploie des machines dont le service exige la plus grande régularité, ils sont indispensables. Le régime intérieur de certaines usines doit avoir, dans l'intérêt même du personnel, quelque chose de militaire. Bien que l'ouvrier ne soit pas comme un simple rouage parmi les autres, c'est vouloir son bien que de l'astreindre, pendant les heures de travail, à la plus rigoureuse exactitude. Les avantages de cet ordre et de cette discipline ne sont pas purement extérieurs. Outre la sécurité qui en résulte, il faut reconnaître les profits intérieurs que l'ouvrier, s'il se soumet de bonne grâce à la règle, doit en retirer. Il apprend ainsi, ou peut apprendre, à se gouverner lui-même, à se garder d'autres dangers encore que de ceux auxquels l'expose son travail. L'atelier est, pour qui le veut bien, une école de prudence et de sagesse.

Il est aussi, et plus manifestement, une école de courage. A la paresse où se laisserait volontiers aller celui qui serait livré à lui-même, il substitue le goût d'une activité réglée que l'habitude rend facile, et que l'émulation entre personnes occupées aux mêmes tâches excite à développer de manière à ce que chacun devienne dans sa spécialité le plus habile possible. L'amour-propre, surtout peut-être chez nos ouvriers de France, est un des stimulants les plus énergiques. Combien parmi eux qui n'épargnent rien pour se satifaire eux-mêmes et qui sont fiers de l'ouvrage bien fait! C'est une des raisons, sans contredit, qui leur fait accepter les travaux les plus durs, les plus dangereux et quelquefois même les plus rebutants. Que l'on songe, en effet, à la variété des besognes, où l'on ne sait ce que l'on redouterait le plus, pour son propre compte, ou de la monotonie des unes, ou de la fatigue des autres, des périls auxquels celles-ci nous exposeraient, ou des répugnances que nous aurions pour celles-là; que l'on considère ensuite qu'il se trouve des hommes capables de les faire, quelles qu'elles soient, avec entrain, et qu'aucune d'elles ne reste, faute de bras, inabordée ou inachevée; n'est-il pas juste alors d'oublier à quelle nécessité, en partie, ces ouvriers obéissent, et n'est-on pas tenté de s'écrier : les braves gens !

Sans parler encore de cette nécessité à laquelle nous venons de faire allusion, de la nécessité de gagner sa vie, le courage, l'endurance et l'habileté des ouvriers ont leur principale raison d'être comme autant de conditions de succès dans la lutte que le travail, tel qu'il est organisé aujourd'hui, impose à tous ceux qui, d'une manière ou d'une autre, s'emploient à satisfaire aux exigences des consommateurs. Les entreprises de tout genre que suscitent ces exigences sont libres, en général, et, en dehors de certains services publics, ne jouissent d'aucun monopole. Il y a donc, suivant les cas, un plus ou moins grand nombre d'industries qui se proposent le même objet, rivalisent entre elles, ou, suivant l'expression reçue, se font concurrence. Cette concurrence, nous le savons déjà, est, en même temps qu'une conséquence de la justice telle que nous l'avons définie, le principal ressort de tout progrès économique. Sans elle, chacun se laisserait aller au penchant naturel, qui est de faire en toutes choses le moins d'effort possible. Avec elle, au contraire, c'est à qui l'emportera sur ses rivaux et attirera la clientèle par la qualité de ses produits, pour ne rien dire ici en particulier de leur bon marché, qui est bien aussi une qualité. Le personnel de chaque entreprise, agricole ou industrielle, patrons et ouvriers, pourrait donc se considérer comme formant un régiment armé pour la victoire. Que le but des patrons et des ouvriers soit identique, qu'ils doivent également désirer vaincre, c'est-à-dire l'emporter sur leurs concurrents, c'est une vérité évidente. Ce n'est pas, en effet, entre patrons et ouvriers qu'un conflit devrait jamais se produire, semble-t-il, pas plus qu'entre chefs et soldats d'une même armée, mais bien entre ces entreprises similaires et rivales, ces maisons qui sont l'une au coin du quai, et l'autre ailleurs. Il est donc naturel et nécessaire, si les patrons s'efforcent de prendre les mesures les plus favorables au succès, que les ouvriers redoublent d'habileté, d'endurance ou de courage.

Or, les effets de cette concurrence et du perfectionnement qui en résulte soit au point de vue de la direction, soit à celui de l'exécution des travaux, sont de telle nature que patrons et ouvriers pourraient paraître animés de sentiments tout différents de l'égoïsme. A voir l'ardeur avec laquelle les premiers recherchent tout ce qui doit plaire aux consommateurs, s'ingénient à créer pour satisfaire ou même pour prévenir leurs désirs, de nouveaux objets, de nouvelles formes qui les adaptent mieux aux besoins, et le soin et l'adresse avec lesquels les ouvriers réalisent leurs inventions, ne dirait-on pas qu'ils ne sont guidés, les uns et les autres, que par le plus pur désintéressement, par la passion d'obliger, par l'amour de leurs semblables ? Et c'est dans tous les genres de travaux que s'affirme ce zèle de bien faire, si semblable à celui de faire le bien. Partout se manifeste, même dans la disposition des choses les plus ordinaires et les plus communes, ce souci de les rendre ou de les faire paraître le mieux exécutées et le plus commodes. A toutes, on s'efforce de donner

cet air de fini et surtout cette apparence de convenance parfaite à
tel ou tel usage qui semble résulter d'une réelle sympathie pour
ceux qui doivent s'en servir. Il est, en vérité, superflu de donner
des exemples. La moindre observation permet de reconnaître
cette préoccupation constante chez ceux qui offrent leurs produits,
de quelque nature qu'ils soient, depuis ces matières premières
qui serviront à de nouvelles transformations, depuis ces outils
aussi ingénieux que variés, et si bien compris pour épargner
autant que possible la peine et l'effort de ceux qui les emploient,
jusqu'à ces articles de luxe, destinés à satisfaire immédiatement
toutes les fantaisies, et dans lesquels tout est prévu, avec une
admirable sollicitude, pour la plus grande satisfaction de leurs
destinataires.

Que cet amour désintéressé du prochain ne soit pas le vrai
motif de toute l'activité productrive, que patrons et ouvriers aient,
au fond, de tout autres préoccupations que celle de faire du bien,
au sens ordinaire du mot, nous le démontrerons amplement ; mais
il ne nous déplaît pas d'insister sur cet aspect des choses, et de
remarquer qu'il paraît impossible de concevoir, à ce point de vue,
entre les patrons et les ouvriers, aucune raison de conflits. Dans la
mesure où ils se proposeraient les uns et les autres de contenter la
clientèle pour le seul plaisir de la contenter, comment pourraient-ils
ne pas s'entendre ? Si l'on fait abstraction, pour un moment, de
toute considération d'égoïsme, d'où viendrait entre eux le moindre
prétexte de désaccord ?

Et cependant ce désaccord se produit quelquefois en dehors de
toute question d'intérêt proprement dit. Le patron, par exemple,
aura abusé de son autorité et blessé la dignité de ses ouvriers,
qui ne sont pas de simples machines, mais des personnes.
Un manque d'égards, des paroles trop vives suffisent, dans certains cas, pour décider les ouvriers à refuser leur concours, à se
mettre en grève. Ou bien ce sera la sévérité d'un contre-maître
dont ils demanderont le renvoi, et leur susceptibilité, d'autres fois,
comme il arrive dans les foules où les émotions communes s'accroissent en proportion géométrique, s'exaspérera pour les motifs
les plus futiles. On a vu des ouvriers, mêlant la politique où elle
n'a que faire, se mettre en grève parce qu'un patron, inquiet des
progrès de son industrie dans un pays étranger, avait fait venir un

contre-maître de ce pays. Le patriotisme des travailleurs de sa maison en avait été froissé. Ces désaccords ne sont pas des plus faciles à apaiser. Il y faudrait, de part et d'autre, de la bonne volonté, et c'est, en pareil cas, ce qui manque le plus. Le patron se retranche, avec une apparence de raison, derrière ses prérogatives, et prétend être le maître chez lui ; il ne lui plaît pas de donner les motifs de sa conduite, de se justifier devant ceux qui lui doivent à certains égards l'obéissance ; et, d'un autre côté, les ouvriers sont assez souvent d'autant plus portés à s'opiniâtrer dans leurs griefs réels ou imaginaires que leur situation est plus dépendante. Leur caractère, comme hommes ou citoyens, égal à celui du patron, les encourage à ne pas céder facilement : c'est une sorte de revanche sur leur condition même d'ouvriers ou de salariés ; car, quelle que soit la nature du débat, il est fort malaisé qu'il ne se ressente pas, plus ou moins, de la lutte, ouverte ou cachée, mais perpétuelle, qui existe entre le capital et le travail, et sur laquelle surtout nous aurons à faire porter notre étude.

Laissons, en effet, les apparences ; revenons à la réalité. Si patrons et ouvriers s'appliquent ou doivent s'appliquer, comme nous l'avons vu, à exécuter avec le plus grand soin les travaux qu'ils entreprennent en commun, leur but, en y mettant toute la perfection dont ils sont capables, n'est pas de satisfaire, pour le seul plaisir de les satisfaire, ceux qui s'adressent à eux et leur demandent leurs services. Cette satisfaction donnée à toutes les exigences n'est qu'un moyen auquel on peut accessoirement se complaire plus ou moins ; mais la fin véritable est de *gagner* le plus possible. Toute exploitation, toute entreprise quelconque est, avant tout et essentiellement, une *affaire*, où il s'agit de ne pas perdre, mais au contraire de faire des bénéfices. Il faut bien s'en rendre compte et, pour cela, analyser soigneusement le mécanisme de la production. Nous serons ainsi conduits à voir comment les rapports du patron et de l'ouvrier se ramènent aux rapports du capital et du travail, et nous aurons en mains tous les éléments nécessaires pour juger s'ils sont ou non conformes à la justice.

Le travail, sous quelque forme qu'il se présente, nous l'avons vu, suppose une matière première, puisqu'il consiste essentiellement en des efforts pour l'élaborer ou la transformer de manière à l'adapter à des besoins, et qu'il ne crée rien en dehors de cette adaptation. Il faut donc pour que le travail, dont nous nous occupons ici soit possible, des choses matérielles à modifier d'une façon ou d'une autre, et ces choses, quelles qu'elles soient, constituent précisément ce qu'on appelle le *capital*. On désigne, en effet, par ce mot, tout ce qui sert, non pas à la consommation directement, mais à la production de ce qui peut devenir objet d'échange, ou, d'un seul mot, à la production d'utilités, ou de richesses.

On conçoit très bien un individu qui à la fois possède un capital et le transforme lui-même par son travail de manière à en faire des objets d'échange, par la vente desquels il reconstitue indéfiniment ce capital, avec un certain bénéfice pour prix de son travail, c'est-à-dire des services qu'il rend en le faisant, et qui continue sans cesse les mêmes opérations. Il est à la fois patron et ouvrier, et il y a, en fait, un grand nombre de petites industries sur ce modèle. Le succès de ces entreprises individuelles dépend, sans doute, de l'activité, de l'ordre et de l'économie de ceux qui les font ; mais il est aussi subordonné à des circonstances indépendantes de leur volonté, que domine toujours la grande loi de l'offre et de la demande. Il est facile de comprendre que la concurrence d'entreprises plus importantes, se proposant le même genre de production, tendent à diminuer les profits des premiers et souvent les réduisent à rien. Il est rare que les industriels de cette sorte soient autre chose que des *gagne-petit*.

Leur condition est naturellement plus dure, s'ils ne possèdent pas un capital à eux, s'ils ont emprunté pour *s'établir*, s'ils sont donc forcés de payer sur leurs bénéfices le loyer ou l'intérêt de cet emprunt. C'est trop clair, pour qu'il soit nécessaire d'y insister. Ils peuvent cependant, même dans ce cas-là, s'en tirer, comme on dit, avec un redoublement d'énergie et la plus stricte économie.

Une étude spéciale de ces petits métiers dont les villes et les villages donnent tant d'exemples, ou de ces petites cultures, comme on en trouve tant dans nos campagnes de France, montrerait de quels prodiges sont capables une infinité de travailleurs qui savent se contenter de peu et assurent, à force de courage et de sobriété, leur indépendance et la fierté de rester leurs maîtres.

D'autres ont un champ d'activité plus vaste et ne peuvent suffire seuls à leur tâche ; il leur faut se faire aider ; ils louent, soit à la ville, soit dans les champs, le travail d'autrui, et on peut concevoir ici tous les degrés, depuis la modeste culture où l'assistance intermittente d'un ou deux journaliers est nécessaire à certains jours, jusqu'aux plus grandes exploitations rurales, depuis le plus petit atelier jusqu'à ces gigantesques entreprises de l'industrie moderne. qui exigent une organisation savamment compliquée et la collaboration d'un peuple d'ouvriers. C'est là que se pose la question des rapports du capital et du travail.

A première vue, si l'on considère la situation respective des employeurs et des employés, pour nous servir d'une expression reçue, rien ne semble plus facile que de résoudre, en vertu de nos principes, le problème qui se présente. Nous avons affaire à des personnes dont les unes, par suite d'une circonstance ou d'une autre, possèdent la matière première qu'il s'agit d'élaborer, de transformer pour la rendre utile, ou, ce qui revient au même, les moyens de se la procurer. argent ou crédit ; dont les autres ne possèdent que leurs bras et sont plus ou moins habiles à opérer cette transformation, quelle qu'elle soit, de la matière première. Les unes et les autres doivent naturellement s'associer, échanger leurs services, les premières fournissant le capital, les secondes, le travail. Sans ce travail, cette matière première, ou l'argent pour l'acquérir, est inutile, et le travail est impossible sans cet argent ou cette matière première. C'est donc l'occasion la plus naturelle d'un échange de services : le capital se prêtant au travail, le travail se prêtant au capital. Et comme, sous le régime de la justice, il n'y a pas de services gratuits, il faut que le capital et le travail trouvent chacun dans cet échange, dans ce prêt réciproque, leur rémunération. Reste à déterminer laquelle, et c'est là qu'apparaissent toutes les difficultés du problème, dont la complexité est bien plus grande qu'on ne serait d'abord tenté de le croire.

On pourrait, pour commencer, se demander s'il est bien vrai que la matière première, ou le capital engagé dans une entreprise quelconque, ait droit à une rémunération pour se prêter à l'élaboration que le travail lui fait subir, et pour rendre ainsi le travail possible. On est si habitué à considérer le travail comme la seule source légitime d'une rétribution de ce genre, et surtout si souvent ému de ses revendications quand elle lui est accordée sous forme de salaire, qu'on sera peut-être surpris d'entendre dire que la matière première, ou le capital, a au même titre le droit de prétendre à un retour équivalent de la part du travail lui-même. Cependant le fait que celui qui possède cette matière première rend un service en le confiant aux ouvriers n'est pas douteux, et le principe de justice, d'après lequel tout service doit être compensé par un service égal, n'est pas moins manifeste. Sans doute, les ouvriers ne paraissent pas payer, à proprement parler, le patron qui, lui, au contraire, les paie. Ils ne lui donnent pas un salaire, comme il leur en donne un. Le salaire, si l'on peut ainsi parler, du patron lui est fourni par les consommateurs des produits qu'il a exécutés avec le concours de ses ouvriers, et par ceux-ci en tant qu'ils font partie de ces consommateurs. N'usent-ils pas eux-même, comme il arrive souvent, de ces produits ? Ils font du moins et nécessairement partie d'autres classes de consommateurs, qui consomment d'autres sortes de produits, et fournissent ainsi à ceux qui ont fabriqué ces derniers ce qu'il leur faut pour payer au premier patron ce qui lui revient. Directement ou indirectement, le travail rend donc au capital, ou à la matière première, le service qu'il en a reçu. Et nous devons ajouter ici tout de suite, qu'il faut bien qu'il en soit ainsi, autrement la vie économique s'arrêterait, cette vie qui consiste essentiellement en un échange ininterrompu de services.

Il faudrait donc, pour être exact, dire que c'est le travail *en général* qui paie le service du capital, tandis que le capital paie *en particulier* le service de tel ou tel travail, et c'est précisément parce que ce dernier rapport est le plus visible qu'il donne lieu aussi le plus souvent à des conflits. Mais expliquons d'abord cette première proposition, à savoir que le service rendu par le capital au travail lui est payé par le travail *en général*, c'est-à-dire par l'ensemble des travailleurs, et non pas seulement ou exclusivement par ceux qui reçoivent directement ce service. Ce sera déjà une occasion de montrer ce fait d'une extrême importance que, dans la vie économique, tout se tient, et que les services, comme les intérêts, sont enchevêtrés, quelquefois avec une extrême complexité, les uns dans les autres.

Pour comprendre la vérité que nous voudrions établir, il faut bien s'entendre sur le service dont il s'agit, et par conséquent sur la vraie nature du capital ou, ce qui, pour nous, revient ici au

même, de la matière première dont le travail a besoin. Le capital
a pour origine cette partie de l'épargne qui ne sert pas à une consommation immédiate, mais qui est disponible pour la production
de nouvelles richesses ou de nouvelles utilités. L'argent qui le
représente de la manière la plus commode, n'a de valeur qu'autant
que, par sa propriété d'être comme une lettre de change universelle, il permet de se procurer tout ce qui peut servir à cette production, et naturellement tout d'abord la matière première à transformer. Mais il est tout aussi facile de concevoir que le capital
consiste dans cette matière première elle-même, soit qu'elle ait
été déjà acquise, c'est-à-dire échangée contre de l'argent, soit
qu'elle ait été directement épargnée, au lieu d'être employée à des
fins d'utilité personnelle, en d'autres termes, consommée, d'une
manière ou d'une autre. Ce capital, quel qu'il soit, dont nous
venons d'indiquer l'origine — nous montrerons plus loin qu'il n'en
a jamais d'autres, si l'on va au fond des choses, — est donc la propriété la plus légitime, en principe, que l'on puisse rencontrer,
puisqu'elle est le fruit de la contrainte qu'on s'est imposée à soi-
même. On peut en faire deux emplois, différents, en apparence, et,
au fond, identiques, du moins quant à celui qui le possède : on
peut, en effet, le prêter à telle ou telle autre personne qui en a
besoin, soit pour le dépenser à son profit purement et simplement,
soit pour le faire servir, comme nous l'avons indiqué déjà, à la production d'autres richesses. Celui qui emprunte pour consommer,
pour dépenser, et plus généralement pour payer des dettes anté-
rieures, contracte par là-même une dette nouvelle dont il ne pourra
se libérer qu'autant que par son travail ou par quelque circonstance, un héritage, par exemple, il se sera procuré un capital égal
à celui qu'il s'est fait prêter, augmenté toutefois des intérêts destinés à payer le service rendu. Celui qui emprunte un capital pour
le faire travailler, comme on dit, doit, pour le rendre, le retrouver dans le produit des utilités qu'il lui aura permis de créer, toujours avec l'augmentation nécessaire pour rétribuer le service.
Mais ils doivent également le rendre tous les deux. Quant au
prêteur, il ne s'aventurera qu'autant qu'il aura pris le mieux possible, à l'égard de l'un et de l'autre, ses sûretés contre des risques
toujours possibles, et l'on imagine facilement quelle diversité,
suivant les cas, peuvent présenter des contrats de ce genre, soit

au point de vue du taux de l'intérêt, soit à celui de la durée, etc.

Si l'on a longtemps condamné l'usure, c'est-à-dire cette faculté des capitaux de rapporter un intérêt en échange du service que constitue le fait de les prêter, c'est pour des raisons qu'il nous serait, dans notre monde égoïste, bien difficile de comprendre; car rien n'est plus clair pour nous que le principe de justice souvent rappelé déjà dans les pages précédentes : tout service doit être payé; nul service gratuit n'est exigible ; et il est, en vérité, superflu d'insister sur la réalité du service que rend le crédit, ou le prêt d'un capital. Or, aucun service, précisément, n'est moins exigible que celui-là, car il suppose, comme l'indique le mot *crédit*, la confiance, et elle ne se commande pas ! C'est le moins du monde, dirions-nous, qu'elle soit, quand on l'a obtenue, payée, en dehors et en plus du capital à restituer. Le taux de ce paiement ou de cet intérêt (ce dernier mot, également, est significatif) varie avec les temps et les lieux; c'est toujours moins cher et moins lourd que la reconnaissance proprement dite, laquelle, en certains cas, devrait n'avoir pas de limites. Les sentiments sont ainsi comme matérialisés et ils ne figurent en affaires que sous cette forme.

Il semble que nous nous soyons écarté, par ces développements, de notre question. Ce n'est qu'une apparence. Nous l'avons, en réalité, déjà résolue. De quelque façon que le capital se prête, il vise à la fois, à sa conservation, c'est-à-dire qu'il s'attend bien d'abord à se retrouver intact, et puis à son accroissement par un certain intérêt, et ce double but est conforme à la stricte justice, sous la formule : donnant donnant. Supposons maintenant que le prêteur, comme il arrive souvent, soit le patron d'une entreprise, et que ce soit à ses propres ouvriers qu'il prête son capital, sous forme de matière première pour le travail. Il faut que le capital, au bout du compte, soit reconstitué et en même temps accru d'un certain intérêt. L'opération ne réussit qu'à cette double condition. Ce n'est même, nous le verrons, que le minimum du succès; ce qui ne veut pas dire qu'on ne peut pas s'en contenter. Or, les ouvriers de ce patron transforment la matière première qui leur a été confiée; ils en font des objets utiles, dont ils ne sont pas les consommateurs ou qu'ils ne consomment que dans de trop faibles proportions pour que le capital soit reconstitué et accru comme il doit l'être.

Il faut que beaucoup d'autres consommateurs aient besoin de ces produits. Ces derniers, quels qu'ils soient, paient ce qu'ils consomment ainsi au moyen du produit, en définitive, de quelque travail, puisque le capital lui-même, nous l'avons dit, est toujours le résultat du travail. C'est donc, en réalité, le travail, mais le travail *en général*, et non celui de tels ouvriers déterminés, et non en particulier celui des ouvriers qui reçoivent directement le service du capital, grâce auquel ils peuvent travailler, qui paie ce service, reconstitue et restitue le capital accru de l'intérêt qui lui est dû.

Au contraire, le capital paie directement les ouvriers dont il demande le service, c'est-à-dire le travail. Nous entendons simplement par là que les rapports sont ici plus exactement déterminés entre ceux qui demandent et paient le service et ceux qui le rendent et en reçoivent le paiement. Le patron, d'un côté, et les ouvriers, de l'autre, sont et demeurent en présence pendant tout le cours de l'entreprise. Que le succès dépende, avant tout, de leur collaboration, de leur bonne entente, c'est assez clair. Mais il n'est pas difficile de comprendre qu'une foule de motifs ou de prétextes puissent troubler cet accord. Nous en avons déjà signalé quelques-uns. Il nous reste à parler des plus ordinaires, ceux qui naissent de la quotité des salaires, ou de l'insuffisance, à leurs yeux, du prix payé aux ouvriers pour leur travail.

IV

LA LOI DE L'OFFRE ET DE LA DEMANDE

Comment s'établit, d'une manière générale, le prix d'un service, nous l'avons déjà dit ; mais il nous faut y revenir ici avec plus de détails.

Quelle que soit, dans l'état actuel des choses, la division des entreprises dont le plus grand nombre se compose d'entreprises individuelles, on peut dire qu'elles concourent toutes à produire en somme un certain ensemble de richesses sociales par un travail lui-même social, et la question se pose, en définitive, de savoir comment doivent être partagés les résultats de ce travail. Il y a plusieurs théories. Les uns pensent que le produit devrait être partagé également entre tous les hommes, d'autres que chacun doit en recevoir une part égale à ses besoins. Ces deux opinions sont si manifestement étrangères à la justice, qu'il nous suffit de les mentionner pour ne rien omettre. Nous ne nous plaçons, en effet, ici qu'au point de vue du droit, suivant lequel tout service est compensé par un autre service, ou n'est exigible qu'en échange d'un service réciproque. Mais on a proposé cette autre théorie que la part ou le gain de chacun doit répondre à sa capacité et à ses services : *à chacun selon sa capacité, à chacun selon ses œuvres*. Cette formule est irréprochable. Le malheur est qu'il n'y a pas de moyen exactement rationnel d'apprécier la valeur des œuvres de chacun. Ces œuvres ne sont pas seulement infiniment diverses ; ce qui fait la grande difficulté, ou pour mieux dire l'impossibilité de mesurer les services qu'elles rendent, c'est que leurs effets varient par la qualité autant que par la quantité. Il n'y a donc pas entre eux de commune mesure. Des qualités différentes ne sont pas susceptibles d'être évaluées comme des quantités réductibles à l'unité ; on ne peut pas, en d'autres termes, ramener une différence qualitative à une différence simplement quantitative.

On pourrait cependant supposer un cas dans lequel cette dualité de points de vue, et par conséquent la difficulté qu'elle entraîne, disparaîtrait. C'est celui où tous les hommes auraient une égale capacité, c'est-à-dire seraient également capables de rendre les mêmes services. Quelle que fût, en effet, la différence des services, la force de travail serait alors un facteur virtuellement égal pour chacun et une commune mesure. La valeur du travail se mesurerait donc simplement au temps nécessaire pour l'exécuter. Mais les hommes, soit par nature, soit par suite de leur éducation, ont des aptitudes très différentes, et nous sommes réduits à répéter ce que nous avons déjà reconnu, à savoir qu'il n'y a aucun principe rationnel pour permettre d'apprécier quantitativement la diversité des services.

En l'absence d'un tel principe, il faut se contenter de raisons de fait et s'y conformer. Ces raisons ici sont fournies par la concurrence, d'une part, de ceux qui entreprennent un travail, et celle, d'autre part, de ceux qui veulent en profiter et le payer. En d'autres termes, la valeur des services est déterminée par le rapport de l'offre et de la demande, et à cette loi il n'y a, en fait, rien à reprendre, sous la réserve, toutefois, que cette double concurrence reste absolument libre. Puisqu'il n'y a pas, en effet, d'autre moyen pratique d'apprécier la valeur, cette détermination par une libre concurrence prend la place d'une détermination fondée sur la justice, et elle a, en pratique, la même valeur.

Si nous appliquons les résultats de cette analyse à la question spéciale qui nous occupe, nous voyons donc que le salaire des ouvriers, comme la rémunération de tout service, sera fixé par le rapport de l'offre et de la demande. Le prix de leur travail sera plus ou moins élevé suivant que le genre de travail dont ils sont capables sera plus ou moins recherché, et suivant que le nombre de ceux qui s'offrent à le faire sera moins ou plus considérable. Sous la réserve que nous avons formulée plus haut, c'est-à-dire à la condition que la concurrence des patrons entre eux et celle aussi des ouvriers entre eux soient parfaitement libres, il n'y a rien qu'on puisse opposer à cette manière de fixer le prix du travail, parce qu'elle résulte de la force même des choses.

Cette loi de l'offre et de la demande, qui s'étend à tous les échanges de services, quels qu'ils soient, qui est, dans les faits, l'équivalent inévitable de la justice, est aussi la raison pour laquelle l'*Économie politique*, qui traite de la production et de la distribution des richesses, est la seule des sciences sociales qu'on ait pu traiter, ou commencer de traiter comme une science mathématique et mettre en équations.

C'est donc sur cette valeur du travail, telle que l'établit ou la détermine le rapport de l'offre et de la demande, qu'il faut surtout insister. La main-d'œuvre, en réalité, est tout à fait au même rang, dans l'ordre économique, que n'importe quelle matière première. De même que le premier soin de ceux qui veulent entreprendre une industrie, doit être de se procurer les matières premières au meilleur marché possible, ils doivent aussi chercher à se procurer la collaboration des ouvriers dont ils ont besoin au prix le moins élevé qu'ils pourront. Ce prix, en effet, comme celui des matériaux qu'il a fallu se procurer pour les transformer, entre pour une part déterminée dans le prix de revient des objets fabriqués, et l'intérêt du patron veut naturellement qu'il y ait le plus grand écart possible entre le prix de revient et le prix de vente. C'est dans l'écart de ces deux prix qu'il trouve la rémunération, comme nous l'avons vu, du service qu'il rend en procurant du travail, et aussi son bénéfice.

Or, si nous prenons les choses à la rigueur, ce service qu'il rend en donnant à des ouvriers le moyen de travailler et, par là, de gagner leur vie, rien ne le force à le rendre, rien ne le force, en particulier, à le rendre à tels individus plutôt qu'à d'autres. Il ne leur doit rien. Il leur offre de s'associer pour son entreprise avec lui, à telles ou telles conditions qu'il leur fait connaître. Libre à eux de ne pas les accepter. S'ils les acceptent, ils doivent se conformer au contrat et fournir exactement la tâche convenue pour tel prix. Qu'il fasse ensuite des bénéfices plus ou moins considérables, ce n'est pas leur affaire. Ils n'auraient à se plaindre, nous parlons toujours à la rigueur, que si, de son côté, le patron n'observait pas exactement à leur égard la convention proposée d'une part et acceptée de l'autre, s'il ne payait pas leur travail ce qu'il s'est engagé à le payer. Pourquoi exiger de lui, quelles que soient peut-être les nécessités de la vie, les charges de famille, etc.,

ce que l'on ne songe assurément pas à réclamer de tel autre riche,
qui vit de ses rentes, je suppose, qui ne s'est jamais donné le tracas
d'organiser un atelier quelconque et de mettre du travail à la disposition de ceux qui ont besoin de travailler? C'est au patron seul
que s'adressent les revendications des ouvriers, souvent disposés
à le critiquer ou à l'attaquer quand ils devraient au contraire lui
savoir gré de son initiative, de sa hardiesse à tenter la fortune
dans l'industrie, et ils auront au contraire de l'admiration et plus
de sympathie que d'envie pour le riche inutile, pour ces beaux fils
de famille, en particulier, qui gaspillent leurs héritages. C'est que
la vie de ces prodigues, par son contraste avec celle qu'ils ont eux-
mêmes à supporter, leur apparaît comme un idéal, en même
temps qu'elle ne semble pas, comme celle de leur patron, payée
immédiatement par leurs peines.

Le véritable intérêt de l'ouvrier est que l'industrie à laquelle on
l'emploie soit prospère. Et cela pour deux raisons. La première
est que par cette prospérité la continuité du travail est assurée,
et la seconde, que si le patron s'enrichit, son exemple suscitera
tôt ou tard des rivaux ; les demandes de travail, et de tel travail
seront alors accrues ; le rapport de l'offre et de la demande en sera
modifié, et nécessairement les salaires seront augmentés. Voyez ce
qui se passe dans les endroits où l'industrie est peu développée ;
la concurrence entre ceux qui organisent et qui offrent du travail
est presque nulle, en face d'une extrême concurrence de travailleurs : les salaires sont dérisoires ; vienne à s'établir une entreprise rivale : les salaires se relèvent aussitôt.

Ce qu'il faut donc bien comprendre, c'est que, dans l'état actuel
des choses, les prix ne dépendent pas du capital individuel. Ils s'éta-
blissent, avec une rigueur mathématique, par le jeu du rapport,
essentiellement variable, il est vrai, que soutiennent, vis-à-vis les
uns des autres, ceux qui peuvent fournir tel ou tel service et ceux
qui en ont besoin. Il n'appartient à personne, tant que la concurrence reste libre, de les surfaire. Patrons et ouvriers, employeurs
et employés, ne sont donc pas aussi libres qu'on pourrait le croire
de régler leurs propres relations. Ils travaillent ensemble à la production d'objets, quels qu'ils soient, dont la matière première a
telle valeur, et dont les consommateurs, par la concurrence qu'ils
se font entre eux, fixent le prix. C'est sur ce prix que se détermi-

minent, par suite de la concurrence que se font, à leur tour, les
patrons entre eux et les ouvriers entre eux, la part à prélever par
les patrons et le salaire des ouvriers. Qu'il soit malaisé, pour le
premier venu, de démêler sans une étude préalable tous les éléments qui concourent à cette détermination soit des salaires, soit
de l'intérêt du capital, et des bénéfices, quand il y en a, c'est tout
naturel. Mais il est aussi naturel, à défaut d'une parfaite connaissance des ressorts qui mettent en mouvement toute la machine, que
chacun défende ce qui le touche immédiatement et s'efforce de
maintenir le prix qu'il reçoit ou pour l'emploi de son capital ou
pour son travail. Mais c'est, en dernière analyse, à la concurrence
sous toutes ses formes à décider du résultat de ces efforts, et il faut
bien s'y soumettre.

Si les ouvriers se familiarisaient davantage avec ces idées géné-
rales, ils seraient moins portés à se laisser séduire par des théories
où l'on ne tient pas toujours assez compte de la réalité, et il serait
plus facile aux patrons de leur faire comme toucher du doigt la
rigoureuse exactitude, dans un cas donné, avec laquelle se règlent
leurs salaires. Mais le plus souvent ils n'y entendent rien et ne
veulent pas ou ne peuvent pas s'y appliquer. De là, les soupçons,
d'un côté, et la défiance trop ordinaire, sinon l'hostilité déclarée,
à l'égard des patrons, et, de l'autre, un air de domination, et le
ton d'autorité qui impose sans phrases et le travail à faire et sa
rémunération : c'est à prendre ou à laisser.

Nous avons comparé, plus haut, les groupements de patrons et
d'ouvriers à des régiments qui devraient être animés d'un même
esprit, dans lesquels chefs et soldats lutteraient, non pas entre
eux, mais ensemble, d'un commun accord et avec une ardeur
égale, contre des rivaux. Cette comparaison pèche en un point ;
ce n'est pas le même motif qui gouverne une action militaire et une
entreprise industrielle ; là, c'est pour l'honneur que l'on se bat, et
les soldats comme les chefs ont également leur part de la gloire
acquise ; ici c'est pour le profit, et tandis que les salaires restent
les mêmes, dans les mêmes conditions, le bénéfice du patron peut
s'accroître en quelque sorte indéfiniment. Ses ouvriers alors ne
manquent pas de se dire que tout leur travail sert à édifier cette
fortune dont ils ne profitent pas.

Un exemple fera peut-être mieux comprendre cette différence.

Les jeunes gens que l'inscription maritime enlève à leurs familles pour les embarquer sur les vaisseaux de l'État sont assurément soumis à de rudes fatigues et à toutes sortes d'épreuves dans ces longues croisières où une discipline de fer les astreint au service le plus rigoureux. Mais c'est pour leur pays, pour sa grandeur, pour l'honneur du drapeau, et cette idée si haute de la patrie exalte leur courage, ennoblit toutes leurs tribulations. A bord, dans les circonstances les plus critiques, chefs ou matelots, tout l'équipage n'a qu'une seule passion, celle de bien mériter de cette patrie.

Voyez, d'autre part les pêcheurs d'Islande ou de Terre-Neuve. Leurs misères, si elles ne les tuent pas, leur donneront, sans doute, de quoi vivre eux-mêmes et, peut être, de quoi faire vivre la famille qu'ils laissent pendant huit mois au pays. Mais le plus clair produit de leur pêche servira à édifier la fortune de l'armateur qui leur a prêté ses bateaux, et qui escompte de loin le succès d'une expédition où sont engagés tant de vies humaines.

Notre comparaison n'est donc pas tout à fait exacte. Les motifs d'action sont, de part et d'autre, trop dissemblables. Et cependant il reste toujours vrai de dire que si l'ouvrier était capable de réfléchir aux lois nécessaires d'une société par essence égoïste et fondée tout entière sur le respect du droit, qui, seul, la préserve de l'anarchie et de la ruine, il arriverait à comprendre que son intérêt est intimement lié à celui du patron. L'armateur, puisque nous avons pris cet exemple, n'est en rien obligé de risquer en tout ou en partie ce qu'il possède, pour procurer du travail à ces pêcheurs. S'il le fait, il n'est pas obligé de les payer plus cher que le prix fixé par le rapport de l'offre et la demande. S'il dépassait ce prix, il serait forcé d'élever celui des produits de la pêche, et il s'exposerait fatalement à la concurrence ruineuse pour lui d'un autre armateur qui se procurerait à meilleur marché la morue et la revendrait aussi moins cher. Ou bien, si cette concurrence ne se produisait pas tout de suite, l'élévation du prix de la morue détournerait les consommateurs, et, par contre-coup, rendrait plus difficile ou impossible la continuation de la pêche. C'est donc une condition de la garantie des intérêts des pêcheurs que la satisfaction des intérêts de celui qui les emploie. Mais, direz-vous, il y aurait un juste milieu, et l'armateur pourrait payer un peu plus son monde sans susciter de concurrents et sans compromettre sa fortune ? — Qu'en savez-vous ? Avez-vous fait le calcul des risques à courir dans son entreprise et des provisions à faire pour les couvrir? Et, en supposant même qu'il ait du bonheur et qu'en définitive il gagne plus qu'il ne l'espérait lui-même, pourquoi voulez-vous qu'il donne une part de son gain à ceux dont le travail en a été, il est vrai, l'occasion, mais à qui il a exactement payé ce qu'il avait promis, à qui il ne doit rien ? Le feriez-vous ? — Il est inutile de répondre. On ne peut répondre à une pareille question que lorsque déjà on a fait ce que l'on conseille aux autres, et si on l'a fait, on a, en le faisant, plus que respecté la justice ou l'équilibre des égoïsmes, on a fait preuve d'un dévouement auquel rien, légalement, ne peut obliger, et il n'est pas d'usage qu'on en parle.

Si l'on veut tirer de cet exemple, facile à généraliser, tout son enseignement, il faut donc reconnaître, une fois pour toutes, que dans l'état actuel des choses et avec la manière de voir universellement reçue touchant la nature de l'homme, les rapports du patron et de l'ouvrier sont exclusivement des rapports de justice, c'est-à-dire les rapports de personnes égoïstes qui tâchent de mettre et de maintenir en équilibre leurs égoïsmes. La bienveillance, sous quelque forme que ce soit, qui impliquerait de part ou d'autre le moindre sacrifice de ces égoïsmes, n'a aucune place, à rigoureusement parler, dans ce genre de relations, et la politesse, la courtoisie ou la douceur des manières, par lesquelles les apparences sont rendues plus ou moins trompeuses, ne changent rien au fond de choses. L'industrie moderne, en réunissant autour de puissants moteurs de véritables armées d'ouvriers, a contribué à donner à ceux-ci une conscience plus nette de leur situation réelle vis-à-vis du capital représenté par le patron. Elle les a rendus, en général, plus chatouilleux pour tout ce qui touche à leurs droits et par conséquent, très difficiles quelquefois à gouverner. Ils ne rechignent pas d'ordinaire à l'ouvrage ; ils font bravement tout ce qui correspond, dans leur pensée, à la quantité de salaire qu'ils reçoivent. Mais il leur vient aisément des doutes sur l'exactitude de cette équivalence entre le travail qu'ils fournissent et la rémunération qu'on leur en donne. Ils sont enclins à penser que le patron les tromperait volontiers et leur imposerait, toutes les fois qu'il le pourrait, des prix inférieurs à ceux que comporte l'état du marché, et, de temps à autre, ils le tâtent, en quelque sorte, en demandant une augmentation de salaire, ou une diminution des heures de travail, ou même les deux à la fois, et en se mettant en grève. Nous nous garderions bien de dire, quelle que soit pour eux-mêmes la gravité de cette mesure, qu'ils ont toujours tort d'y recourir, puisqu'elle leur réussit dans certains cas. Et, d'ailleurs, il serait injuste de supposer que les ouvriers ne sont poussés à présenter des revendications que par défiance à l'égard de ceux qui les emploient ; c'est au fond le très légitime souci de leur droit qui les fait agir.

Cette constante préoccupation du droit, qu'il faut louer, a pour effet naturel que les ouvriers ne sont pas aussi reconnaissants qu'on pourrait d'abord le croire, pour toutes les œuvres que certains patrons s'ingénient à créer en leur faveur. Un gouvernement paternel, pour employer l'expression reçue, n'est pas celui qui leur convient le mieux, ou qu'ils sont le plus portés à apprécier. Les écoles, les dispensaires et les infirmeries, les caisses de retraite pour les vieux ouvriers, que l'on institue avec une retenue sur leur salaire et des subsides plus ou moins considérables fournis par le capital, ne leur disent rien qui vaille. Ils feraient, si on leur en demandait la raison, à peu près le raisonnement que voici : « Nous travaillons et nous demandons qu'on nous paie tout notre travail ce qu'il vaut, rien de plus, rien de moins. Le prix qu'on nous doit, nous en sommes les maîtres ; nous n'avons donc pas à en détourner, par ordre, une partie quelconque pour des œuvres qui ne regardent que nous et que nous organiserons, s'il nous plaît, et comme il nous plaira. Nous y perdrons il est vrai, les subsides du patron. Mais de deux choses l'une : ou ces subsides sont prélevés sur le prix de notre travail, et alors c'est injustement qu'on en disposerait à notre place ; on doit nous les distribuer, et nous les emploierons à notre guise ; ou bien ils appartiennent au patron qui nous les donne gracieusement ; mais nous ne demandons pas de faveurs, et il ne faut pas mêler deux choses très différentes : la justice et la bienfaisance. Nous ne voulons que la justice ; elle seule nous met, comme hommes, sur le pied d'égalité avec le patron ». Il n'y aurait rien que je sache à répliquer ; c'est un langage viril, et s'il était tenu, en effet, par des ouvriers capables de vivre avec sobriété, d'épargner, et de s'associer entre eux pour des œuvres d'intérêt commun, il faudrait plutôt l'admirer. Ils auraient même pu ajouter, ce dont ils se doutent bien, que cette sollicitude du patron pour l'ouvrier n'est souvent que la perfection de l'égoïsme. C'est celle, en effet, du fermier pour ses étables et sa basse-cour. Du moins celui-ci ne demande-t-il pas de reconnaissance aux quadrupèdes et aux bipèdes qui en sont l'objet.

La participation aux bénéfices soulève des critiques analogues, du moins si le règlement en est entièrement laissé au patron, et, pour beaucoup de raisons, il est bien difficile qu'il en soit autrement. Il semble, au premier abord, que c'est un excellent système, très propre à rendre sensible la communauté d'intérêts des patrons et des ouvriers, à prévenir l'envie naturelle de ces derniers, et de nature enfin à faire disparaître le contraste choquant qui se produit quelquefois entre l'accroissement de certaines fortunes et la médiocrité constante des salaires. Comment ne pas songer, par exemple, à des *actions de travail*, créées dans certaines conditions au profit d'anciens ouvriers, et qui seraient, de la façon la plus heureuse, le pendant des *actions de jouissance*?

Mais la question est la même ici que pour les subsides dont nous parlions tout à l'heure : cette part de bénéfices octroyée aux ouvriers leur est-elle due, ou n'est-elle qu'une libéralité gratuite? On ne voit pas bien comment elle serait due, et par conséquent exigible, si les ouvriers dans les entreprises où elle est distribuée, ne fournissent, comme dans les autres, que leur travail sans aucune mise de fonds; on sera donc plutôt porté à la considérer comme une faveur; elle dépend alors du bon plaisir de celui qui l'accorde, et l'on comprend qu'il ne se croie pas tenu, pour justifier le montant de cette gratification, à initier ses employés aux détails de sa comptabilité, ce qui n'irait pas toujours sans quelques difficultés. Nous aurions encore ici la confusion, signalée et critiquée plus haut, de la justice et de la bienfaisance ; cette confusion paraîtrait, sans doute, moins fâcheuse et moins suspecte cette fois, puisque le mode d'emploi de cette libéralité ne serait pas imposé à ceux qui en profiteraient; mais cette prétendue participation aurait toujours l'inconvénient d'être arbitraire, ce qui semblera peut-être une chicane, et surtout, ce qui est plus grave, elle risquerait de donner aux travailleurs une idée fausse de leurs droits. Qu'on leur distribue, dans certaines circonstances, pour les encourager ou les récompenser de leur zèle, une somme d'argent qui n'était pas prévue dans le contrat de louage de leurs services, on le comprend, et ils songeront rarement, je suppose, à se plaindre de ce que le patron outrepasse ainsi la stricte justice. Mais ils n'ont pas, à proprement parler, droit au partage des bénéfices. Les bénéfices appartiennent au capital, et il est libre d'en faire l'usage qu'il veut ; aux ouvriers, il ne doit rien de plus que les salaires.

Nous traitons ici, il ne faut pas l'oublier, des rapports, non pas du riche et du pauvre, mais du patron et de l'ouvrier, c'est-à-dire de rapports de justice : à chacun son dû. Ce n'est pas de dons ou de cadeaux, et encore moins d'aumônes, qu'il s'agit alors, mais de services mutuels qui se paient, qui s'échangent moyennant un prix déterminé. L'ouvrier qui reçoit son salaire est, en cela, l'égal du patron qui, de son côté, reçoit transformée, utilisable, appropriée à des échanges ultérieurs, la matière première qu'il avait confiée à l'ouvrier. Ils sont quittes. Et peu importe le genre de travail et le prix que ce travail obtient ! Depuis le simple manœuvre, qui n'a que ses bras, jusqu'au mécanicien qui a son brevet, jusqu'à l'ingénieur et au directeur d'usine qui sont des savants, des administrateurs, mais qui ne sont aussi que des salariés du capital, chacun fait sa tâche et reçoit en retour, l'un sa journée, un autre sa paie ou son traitement, comme on voudra ; tous rendent des services, et ils en touchent le prix, déterminé par la loi, qui s'impose également à tous, de l'offre et de la demande. Tous aussi peuvent être renvoyés, *remerciés*, si leurs services ne paraissent plus répondre à l'objet qui est la fin suprême de toute entreprise agricole ou industrielle, parallèlement à la satisfaction des besoins sociaux, à savoir la conservation et l'augmentation la plus grande possible du capital.

V

LE CAPITAL

Qu'est-ce donc que ce capital, maître et seigneur, dans la société égoïste, de toute activité, qui la suscite, la dirige et la rétribue? Mérite-t-il les attaques passionnées dont il est tous les jours l'objet, qui jettent dans le monde des travailleurs l'incertitude et le trouble, augmentant le malaise dont nous souffrons, et font douter de la justice? C'est ce que nous avons maintenant à rechercher, en revenant, pour la préciser, sur la définition du capital que nous avons déjà donnée à plusieurs reprises.

Tout homme doit pouvoir disposer librement du fruit de son travail, c'est entendu; il doit être le maître ou de l'employer tout entier à ses besoins, de le consommer, comme on dit, ou d'en épargner une partie. Ce qu'il épargne ainsi, prend le nom de capital lorsqu'il le fait servir à augmenter, dans la suite, le rendement de son travail, ou à diminuer sa peine, ou, d'une manière générale, à se créer des ressources. Si ce qu'il épargne aujourd'hui il le mettait simplement en réserve pour le consommer demain ou un autre jour, comme on fait des provisions, ce ne serait pas un capital. Une fois consommé, en effet, n'importe quel objet a procuré immédiatement à celui qui en a profité tous les services qu'il pouvait lui rendre; n'en parlons plus. Mais ce qu'on épargne véritablement, au contraire, subsiste, reste disponible et devient, sans se perdre, un moyen d'augmenter la richesse.

Celui qui n'a que ses bras pour gagner sa vie n'obtiendra certainement pas de gros salaires; mais s'il a l'énergie d'économiser une partie de ces salaires, il pourra acheter, par exemple, une pelle et une pioche, et, avec ces outils, devenu capable de faire plus d'ouvrage, il gagnera des journées un peu plus fortes. Ce qu'il a épargné il ne l'a pas perdu ; il l'a échangé contre des instruments de travail, il s'est rendu capable de faire ainsi plus d'ouvrage, d'augmenter un peu son salaire, et, s'il le veut bien, d'économiser plus facilement et un peu plus qu'il n'avait fait d'abord. Ces économies nouvelles lui permettront de remplacer ses outils quand ils seront usés, et c'est comme s'ils s'étaient remplacés eux-mêmes, ou de se procurer des instruments de travail plus puissants, ou simplement de se mettre en état, par degrés, de travailler moins, en ayant tout de même autant de facilité à assurer son bien-être. Entre la pelle et la pioche de ce brave journalier et la grande usine où se fait une quantité prodigieuse de travail, la différence n'est que du petit au grand. Usine ou fabrique, et grande propriété terrienne, ces outils énormes, qui rendent possibles les plus vastes entreprises ou les plus vastes exploitations, sont. de la même manière, toutes faites d'épargnes individuelles ou collectives, accumulées ; elles s'entretiennent et se réparent elles aussi par l'épargne. Partout, à l'origine, nous trouvons donc le travail, mais un travail dont on n'a pas consommé immédiatement tout le produit, dont on a eu le courage, en se privant d'abord autant qu'il le fallait, de mettre en réserve une partie des fruits, pour la faire servir à la production d'un travail nouveau, et par lui, de nouvelles richesses.

C'est, dira-t-on, une explication toute théorique de la formation du capital, et elle ne semble pas de tout point satisfaisante. On ne voit pas bien, dans une foule de cas, cette relation du capital et du travail. Elle apparaît d'autant moins qu'il s'agit de capitaux plus considérables ou de plus grandes fortunes. Si l'on recherchait les commencements de toutes les propriétés aujourd'hui fondées et consolidées, serait-on bien sûr d'y trouver toujours comme unique facteur le travail opiniâtre, patient, économe ? Assurément non. Plusieurs d'entre elles, nous l'avons déjà reconnu, se sont constituées par la violation du droit, sont le résultat de vols et de rapines. Tantôt la faveur royale a disposé des terres pour les distribuer à des courtisans ou payer des services. Tantôt elles ont été directement usurpées par le fort sur le faible. Quelquefois la ruse a produit, pour dépouiller le propriétaire légitime, les mêmes effets que la force, ou bien certaines circonstances ont permis d'acquérir, sans aucun travail proportionné au résultat, de vastes domaines. Et combien de familles qui comptent aujourd'hui parmi les plus conservatrices, et dont la richesse, toute faite de biens nationaux, a été constituée et leur a été laissée par de hardis ascendants, habiles à profiter, sans scrupules, de la dépréciation, il y a cent ans, des assignats ! Mais nous avons montré que la prescription avait dû légitimer ces divers genres d'acquisition du capital ; car il y a plus d'avantages pour la société tout entière à accepter le fait accompli, à passer l'éponge, comme on dit, qu'à rechercher curieusement les titres de ces propriétés, qui se sont du moins régulièrement transmises depuis plus ou moins longtemps. Ce qu'il nous faut aussi ne pas perdre de vue, c'est que tous les faits auxquels nous venons de faire allusion, sont des faits d'usurpation, et non de formation du capital. Or si le capital n'avait pas été formé déjà, il n'aurait pu être usurpé, et c'est toujours par le travail qu'il s'est constitué à l'origine, dût-on, pour rencontrer enfin cette origine, traverser, si nous pouvons ainsi parler, plusieurs couches de pillages successifs.

Il reste donc que l'épargne, l'économie est, en dernière analyse, le seul moyen de créer le capital. Et il ne saurait en être autrement : rien ne vient de rien, et, dans le sujet qui nous occupe, cette formule veut dire que rien ne devient utilisable que par le travail, et que rien d'utile, par conséquent, ne peut être conservé, et peu à peu accumulé, qui n'ait été épargné sur le produit du travail, avec plus ou moins de peines et de privations au début. Il dépend donc de chacun de nous, quelle que soit notre condition, pourvu seulement que nous ayons du travail, de devenir capitalistes. Voyez cette pauvre servante : elle n'a que de faibles gages, et cependant, sou par sou, elle parvient à mettre chaque année un peu d'argent de côté ; elle le place ; elle en retire intérêt ; son capital n'est jamais bien considérable, mais il s'accroît un peu tous les jours. Si elle a fait un mauvais placement, ce qui arrive aisément au temps où nous vivons, si elle perd ainsi ses économies, elle ne se décourage pas pour cela ; elle recommence à épargner. Pour l'imiter, il suffit, comme on dit chez nous, de n'être pas *mangeard*, de savoir se priver, d'avoir assez d'empire sur soi-même pour éviter toute dépense superflue, de se rappeler les proverbes qu'il n'y a pas de petite économie, qu'un sou est un sou et que les petits ruisseaux font les grosses rivières.

Or, la possession d'un capital, quelque limité qu'il soit d'abord, contribue d'ordinaire à ouvrir l'esprit et à faire comprendre mieux les choses. A mesure qu'il se forme et s'accroît peu à peu, on s'y attache en proportion des privations qu'il a coûté, et l'on trouve tout naturel que les autres tiennent avec la même sollicitude à la conservation de celui qu'ils ont pu de leur côté mettre en réserve. Si on l'emploie à se procurer, comme nous le disions, des instruments de travail ou n'importe quel objet qui servira à rendre plus facile et plus profitable la tâche de chaque jour, si, en d'autres termes, on veut lui donner la forme de *capital fixe*, dont les bâtiments et les divers outils d'une ferme, ou les usines avec leurs machines sont les exemples les plus considérables, alors on ne néglige rien pour acquérir ce dont on veut se pourvoir, aux conditions les meilleures de solidité, de fini et de bon marché ; on exige des ouvriers ou des marchands qui leur servent d'intermédiaires, le travail le plus soigné possible au plus bas prix. On ne doit donc pas s'étonner que le capital, à tous ses degrés de développement, impose, dans les limites du rapport de l'offre et de la demande, de pareilles conditions à ceux qu'il emploie. Et si le capital dont on dispose reste à l'état de *capital circulant*, c'est-à-dire si on le garde sous forme d'argent et qu'on le prête ainsi soit directement à des entrepreneurs de travaux, soit à des banques dont c'est le rôle de louer des capitaux, de vendre du crédit, on cherche à tirer de ce placement ou un intérêt fixe et bien garanti sur le paiement duquel on puisse compter à des époques déterminées, ou, sous le nom de dividende, un bénéfice le plus considérable possible, avec la sécurité la plus grande qu'il se pourra relativement à la conservation et à la disponibilité de la somme prêtée. Ce que l'on souhaite naturellement avant tout, c'est de ne pas perdre son argent, et on trouve alors fort légitime que le capital s'applique à payer le moins possible et la matière première et la main-d'œuvre : son intégrité ou, ce qui revient au même, sa reconstitution par l'écoulement des produits fabriqués et son bénéfice en dépendent.

On comprend mieux aussi comment c'est au capital ou à l'épargne que nous devons, en un sens, toutes les richesses qui existent déjà ou qui se forment tous les jours. Terres cultivées, maisons, usines sont de l'épargne accumulée, et de l'épargne accumulée aussi toutes les sommes d'argent avec lesquelles on cultive ces terres, on entretient ces maisons, on fait marcher ces usines. On comprend comment par l'association d'une foule de petites épargnes de grandes entreprises sont rendues possibles, et comment enfin, par voie d'héritages, ici ou là, des capitaux considérables qui méritent autant d'être respectés, au nom de la justice, que le capital le plus modeste, peuvent se trouver réunis dans les mêmes mains, et servent anssi, pour la plus grande partie, directement ou indirectement, à faciliter des affaires, soit aux champs, soit dans l'industrie ou le commerce.

Mais il est trop clair que le capital resterait stérile, sans le travail, comme le travail serait impossible sans le capital. Ce sont les deux facteurs inséparables de la production de toute richesse. Par lui-même, le travail ne peut créer la matière première qu'il consiste essentiellement à transformer, et sans laquelle il serait réduit à l'impuissance, il manquerait d'objet, il ne serait pas. Et sans le travail, le capital serait inutile. C'est lui qui fournit la matière première, c'est lui aussi qui nourrit et entretient les ouvriers jusqu'au jour où, en lui rendant transformée la matière première qu'ils en ont reçue, ils lui permettent de se reconstituer, et ainsi de suite. C'est lui qui procure toutes ces machines grâce auxquelles le travail de l'ouvrier est centuplé, et la valeur commerciale des produits de ce travail réduite au minimum. Chercher où l'humanité, sans lui, en serait restée, ce serait vouloir chercher ce que l'homme, si faible et exposé à tant de dangers, serait devenu s'il était destitué de toute intelligence et incapable de toute prévoyance, de tout calcul. Mais il est encore trop facile de s'en rendre compte, en regardant autour de nous le triste sort de ceux qui ne voient que le présent, et n'ont pas pu prendre sur eux de ménager leurs ressources pour sauvegarder l'avenir !

Il ne faut donc pas croire ces théoriciens qui prétendent que le travail de l'ouvrier est la source unique de toute richesse. Ils prêchent faussement aux travailleurs que tout leur appartient, parce que tout se fait par eux, et, alors, qu'on les vole en ne leur donnant que leurs salaires. Et il ne faut pas croire davantage ceux qui prétendent, au contraire, que le capital est la source unique de toute richesse, et que les ouvriers doivent s'estimer bien heureux d'en recevoir, sous forme de salaires, une partie quelle qu'elle soit. La vérité, comme nous l'avons montré, est que, dans une société égoïste et régie par la justice, le capital et le travail échangent des services et, par conséquent, s'associent pour l'exploitation de toute utilité.

Et puis il faut faire une remarque essentielle. La distinction entre le capital et le travail n'est pas, à proprement parler, une distinction de personnes : il n'y a pas de ligne de démarcation entre les capitalistes, d'une part, et, de l'autre, les travailleurs. Ce ne sont pas deux classes aussi séparées qu'on veut bien le dire. Sans doute, il est aisé d'opposer les extrêmes, d'un côté ceux qui possèdent et jouissent sans rien faire, de l'autre ceux qui travaillent et cependant ne possèdent rien. Mais la classe de beaucoup la plus nombreuse est cette classe intermédiaire, composée de ceux qui possèdent et qui travaillent, qui sont *à la fois* travailleurs et capitalistes, c'est-à-dire qui se procurent, en travaillant, ce qu'il faut pour vivre et pour épargner. Or, dans le temps où nous sommes, le nombre diminue tous les jours de ceux qui peuvent vivre sans rien faire, et s'accroît, ou pourrait s'accroître, celui des ouvriers qui, en économisant, parviennent à posséder un capital.

Mais, dira-t-on, ce capital à la possession duquel un ouvrier peut parvenir, est toujours très peu considérable, et il y a, semble-t-il, trop de disproportion entre la peine d'épargner et le résultat. On comprend alors que beaucoup se découragent, et renoncent bientôt, si jamais une première tentative a été faite par eux, à l'effort persévérant que le désir d'économiser demanderait. Ce n'est pas, en effet, le cas de dire qu'il n'y a que le premier pas qui coûte. Cependant la constance, ici comme partout, est le plus souvent récompensée. Si petits qu'ils soient, ces capitaux que produit l'épargne peuvent être placés dans des entreprises où ils participent tout de suite à des chances au moins de bénéfices, et avec un peu de bonheur, s'accroissent comme d'eux-mêmes assez vite. Mais si l'on craint les risques inhérents, dans l'état actuel des choses, aux spéculations industrielles, on peut se contenter sage-ment de ces *obligations* dont le rendement, s'il est modique, est assuré, en même temps que la conservation du capital prêté est garantie par des gages sérieux. Et surtout s'offrent à l'emploi de ces petits capitaux, une foule de combinaisons, de mutualités par lesquelles des groupes plus ou moins considérables procurent à leurs membres ou la possibilité d'épargner plus facilement et davantage à l'avenir, ou celle de traverser sans trop en souffrir certaines crises, telle qu'un chômage ou une maladie. Ces institutions doivent être dirigées, sans doute, avec la plus extrême prudence et se garder surtout, pour commencer, de trop d'ambition. Mais on ne saurait assez insister sur la puissance que peuvent à la longue acquérir, quand elles sont bien administrées, ces associations de capitaux formées peu à peu par de simples cotisations régulièrement acquittés. Tout le monde, dit-on, a plus d'esprit que Voltaire. Tout le monde, aussi, est plus riche que Rothschild, et l'on se figure mal aisément de quelle somme finirait par disposer, avec de la sagesse, toutes les sociétés de secours mutuels, toutes les coopératives soit de consommation, soit de production, tous les syndicats de quelque genre qu'ils soient.

Malheureusement de pareilles entreprises demandent beaucoup d'union, beaucoup de suite dans les idées, beaucoup d'expérience, et de la plus difficile à acquérir. L'union et la suite dans les idées sont presque impossibles à obtenir, quand il s'agit de sacrifier dans le présent si peu que ce soit, même en prévision des plus grands avantages, après un délai plus ou moins long. L'épargne déjà si pénible quand on peut la garder soi-même à sa disposition, paraît plus dure encore lorsqu'il faut, à époques fixes, en verser le produit dans les mains d'un tiers, en se disant qu'on n'aura jamais peut-être l'occasion d'en profiter. Si l'on a commencé de se soumettre aux règlements de l'association, bien souvent on se décourage, on abandonne ce qu'on a déjà payé, on aime mieux reprendre sa liberté. C'est une source notable des bénéfices, dans les compagnies d'assurances, on l'a observé, que le renoncement volontaire aux primes déjà versées. Le moindre prétexte suffit parfois à amener ces défections. L'égoïsme individuel se prête mal, dans la plupart des cas, à la constitution de cet égoïsme collectif qui rendrait de si grands services, de cela seul qu'il peut employer, par exemple, à satisfaire des besoins individuels et temporaires, la participation constante de tous les associés à la bourse commune. Combien d'ouvriers qui se pressent d'entrer dans un syndicat lorsqu'ils se sentent menacés de quelque péril, et qui en sortent dès que le péril s'est éloigné !

Mais ce qui manque le plus aux ouvriers, c'est l'expérience pour la conduite de leurs associations et la gestion de leurs biens. De là, l'insuccès ordinaire des coopératives de consommation et surtout celui des coopératives de production qu'ils ont ici ou là essayé de fonder. Ils se méfient souvent, nous l'avons vu, de l'intervention des patrons dans leurs propres entreprises, et ils manquent en général des capacités nécessaires pour se suffire. Or, les aptitudes financières ne se développent que par la pratique des affaires, et cette pratique cependant n'est possible que grâce à ces aptitudes elles-mêmes.

Aussi les syndicats purement ouvriers se bornent-ils le plus souvent à se ménager des ressources pour pouvoir défendre au besoin les salaires ou en demander le relèvement. Leur caisse est donc avant tout une caisse de guerre; elle servira à soutenir la grève, quand l'heure de la déclarer paraîtra venue, à distribuer alors aux membres de l'association des secours qui leur permettent de vivre en attendant la reprise du travail. Les grèves sont ainsi, dans beaucoup de cas, un signe certain de la prospérité des syndicats.

L'exercice du droit de faire grève, de refuser le travail quand le prix n'en paraît pas assez élevé, demande beaucoup de discernement et beaucoup de prudence. On peut craindre, à voir ce qui se passe tous les jours autour de nous, qu'il ne soit souvent livré au hasard ou lié à des considérations propres à lui faire perdre le caractère qu'il devrait toujours avoir : celui d'une revendication raisonnable. C'est un moyen extrême d'obtenir justice ; il ne faudrait pas y recourir sans de très graves motifs ; et, quand on s'est décidé à l'employer, il ne faudrait pas perdre de vue l'objet très déterminé qu'on se propose, à savoir telle augmentation de salaire, dans telles conditions de temps et de lieux, c'est-à-dire dans des circonstances données qui semblent justifier cette augmentation. Mais à voir avec quelle facilité les grèves éclatent ici ou là, pour les prétextes quelquefois les plus futiles, il est impossible de ne pas croire que souvent elles sont affaires de caprice, et qu'elles résultent plutôt d'un excès de bien-être, si l'on peut ainsi parler, que de véritables besoins. Plus on a, plus on veut avoir. Quand on a plus que le strict nécessaire, on sent tout l'attrait du superflu, on le recherche avec plus de passion ; on est aussi plus susceptible, moins disposé à supporter de petites contrariétés ou les exigences de la discipline; et si le syndicat possède quelques ressources, on est bientôt tenté de s'en servir pour réclamer plus de liberté ou plus d'argent.

Un peu de réflexion quelquefois suffirait aux ouvriers pour résister à cette tentation. Ils n'auraient pas de peine à comprendre que leurs salaires étant un des éléments qui interviennent pour la détermination du prix des objets offerts aux consommateurs, et cette règle étant générale, la médiocrité de ces salaires est compensée dans une certaine mesure par le bon marché des choses nécessaires à la vie. Ils reçoivent donc, en quelque sorte, deux rétributions : leur paie proprement dite, c'est la rétribution apparente ou directe, et, en second lieu, une rétribution indirecte et plus difficile à évaluer, mais non moins certaine, à savoir celle qui consiste dans la diminution de la dépense nécessaire pour se procurer une foule de choses utiles ou agréables. Si, en effet, le travail, sous toutes ses formes et dans tous les genres, était payé d'un prix plus élevé — et l'on ne voit pas pourquoi, dans un monde où tout se tient, cette élévation favoriserait longtemps un seul genre de travail, — le prix des choses utiles ou agréables serait fatalement augmenté dans la même proportion. Les salaires ne procureraient donc pas, malgré leur relèvement, plus d'avantages au bout du compte, et ce serait comme s'ils n'avaient pas été relevés. — Mais que nous importe, dira-t-on, que le pain soit à bon marché, si nous n'avons pas de quoi en acheter? — C'est là, dira-t-on, une simple manière de parler. Il faut bien que la relation entre le prix du travail et celui des objets de première nécessité, soit établie de telle sorte qu'il soit possible de gagner sa vie en travaillant; autrement on ne trouverait plus de travailleurs. Aux ouvriers de régler eux-mêmes, comme nous devons tous le faire, leur dépense sur ce qu'ils reçoivent.

Beaucoup d'entre eux, même avec les salaires les plus réduits, savent le faire et parviennent encore à épargner. Il semble qu'ils apprécient d'autant plus le prix de l'argent, du bel argent, que la part qui leur en revient est plus petite. A la campagne surtout, où les tentations, il est vrai, sont moins nombreuses, on rencontre de ces économes pratiquants qui ont cette grâce, on peut bien le dire, d'aimer à entasser, sou par sou, un capital aussi modeste que l'on voudra, avec l'espoir d'acheter un jour de la terre, ce capital par excellence. Mais dans les villes, cette vertu et ce courage sont plus difficiles et plus rares. Les occasions de dépenser sont plus fréquentes. L'entraînement de l'exemple est plus fort, et des salaires gagnés quelquefois avec plus de facilité, suggèrent l'envie d'imiter certaines jouissances des riches. Au marché, il arrive que les plus chères denrées soient achetées plus couramment par les ouvriers que par les petits bourgeois. Encore n'est-ce que demi-mal : toute la famille, pour le moment, en profite. Mais que dire de l'argent perdu dans les cabarets ou les estaminets, et quels remèdes prévaudront jamais contre ces habitudes croissantes d'intempérance qui conduisent à l'alcoolisme, qui causent tant de ruines individuelles, avec leur contre-coup nécessaire sur la famille et la société?

Il faudrait, dit-on, s'intéresser un peu plus à l'éducation morale de l'ouvrier. On y travaille, et de toutes manières. Mais il n'accepte pas volontiers les égards, encore moins les leçons; il est porté à se méfier; il s'accommode mieux d'une certaine rudesse qui maintient les distances. Je visitais un jour, il y a longtemps, sous la conduite d'un ami, frais émoulu de l'École centrale, une grande usine de Givors, et, en entrant dans chaque nouvel atelier, je croyais bien faire de soulever mon chapeau : « Que fais-tu donc ? » me demanda à la fin le jeune ingénieur. — « Je salue le travail. » — « Laisse donc !... Ils se moqueront de toi », et il employa une expression plus énergique. Un grand philosophe me disait un jour qu'il ne comprenait pas pourquoi on traitait les ouvriers des champs ou de la ville autrement que les gens de son monde. Pour lui, s'il avait affaire avec l'un d'eux, il le recevrait aussi bien dans son salon que dans une autre pièce de sa maison. « Mais ce serait, lui dis-je, le moyen de le gêner plus que de l'honorer ». Je n'osai pas ajouter qu'on se moquerait peut-être de lui. Il n'y a plus de classes en France, on l'entend dire trop souvent pour en douter; mais il y a toujours, et il ne peut pas ne pas y avoir une ligne de démarcation entre ceux qui possèdent l'argent et demandent le travail, et ceux qui l'offrent et en reçoivent le salaire. Longtemps encore, les premiers passeront pour des exploiteurs aux yeux d'une grande partie des seconds, qui se considèrent eux-mêmes comme exploités.

VI

LES CONFLITS

ET LES PRÉTENDUS REMÈDES

Un homme n'en exploite un autre, à proprement parler, que
s'il vit à ses dépens. Est-ce le cas entre capitalistes et travailleurs ?
Nous avons montré que la relation du capital et du travail consiste
en un échange de services qui sont l'un et l'autre rémunérés conformément à la loi inévitable de l'offre et de la demande. Mais il ne
faut pas oublier que l'application de cette loi n'est qu'un expédient.
On y recourt uniquement parce qu'il n'est pas possible d'apprécier autrement la valeur d'un service. Or, si nécessaire que soit
cet expédient, on ne saurait le confondre avec l'observation rigoureuse de la justice ; en d'autres termes, ce n'est pas la même
chose de se soumettre à une nécessité de payer ou d'accepter tel
prix pour la seule raison qu'il se paie ou qu'il est accepté sur le
marché, et de donner ou de recevoir ce qui est dû exactement.

Ce qui est dû exactement, de par la justice, entendue au sens, qui
est le nôtre, du respect de l'équilibre des égoïsmes individuels, ne
devrait, si l'on pouvait le déterminer, laisser place à aucune con-
testation. Au contraire, les prix qui se règlent par le jeu de l'offre
et de la demande sont essentiellement variables, comme l'offre et
la demande elles-mêmes qui changent au gré de mille circonstances,
et il doit en résulter une instabilité perpétuelle des rapports du
capital et du travail. Le travail et le capital sont des marchandises
comme les autres ; le prix en est, de sa nature, mobile, et l'on comprend très bien que l'intérêt de ceux qui les demandent soit opposé,
au moins à première vue, à l'intérêt de ceux qui les offrent. Le
capital recherche la main-d'œuvre la moins chère possible, et le

bas prix de cette main-d'œuvre est la raison décisive qui fait créer des usines ou des manufactures en des contrées privées jusqu'alors de toute industrie. Mais les ouvriers, de leur côté, recherchent les salaires les plus élevés, et il est tout naturel que ce soit leur grande et très légitime préoccupation de les faire relever toutes les fois que, pour une raison ou une autre, ils le croient possible.

Il semble donc qu'il ne peut y avoir, à proprement parler, exploitation du travail par le capital. De cela seul, en effet, qu'un travail demandé trouve une offre correspondante, c'est-à-dire de cela seul que quelqu'un consent à le faire, il est bien évident, quelles que soient les conditions de ce contrat, que la loi qui gouverne toutes les transactions est appliquée. En d'autres termes, du moment où il n'y a pas contrainte, où l'ouvrier reste libre d'accepter ou de refuser, peut-on dire qu'il soit exploité par le patron ? A la rigueur, sans doute, on ne peut pas le dire. Mais à défaut d'une contrainte que le patron exercerait directement, et que nos mœurs, depuis l'abolition de l'esclavage, ne comportent plus, il y a cependant cette contrainte du besoin qui, dans certains cas, force de pauvres gens à subir n'importe quelles conditions, et dont celui qui en profite est complice. Ne semble-t-il pas que ce soit la source de nombreux abus, qui mettent en vive lumière la distance entre l'application de la loi de l'offre et de la demande et l'observation de la justice ?

Cependant il ne serait pas encore exact de parler ici d'abus et d'injustice. Faire un bon marché, ou payer le moins cher possible, et revendre au plus haut prix qu'on peut obtenir, c'est, dans le monde des affaires, une règle que chacun s'efforce de suivre, et qui ne saurait être blâmée tant que la concurrence, comme nous l'avons dit, reste libre entre les acheteurs, d'une part, et, de l'autre, les vendeurs. Il n'y a aucune raison d'obliger le capital à ne pas s'y conformer, c'est-à-dire à payer plus cher que les intéressés eux-mêmes ne l'exigent, les services qu'il demande. La disproportion même entre les bénéfices qu'il fait quelquefois et les salaires qu'il distribue, n'autorise pas à lui imposer vis-à-vis de ses ouvriers une libéralité, attendu que les sacrifices, sous quelque forme que ce soit, ne sont jamais exigibles à aucun degré. Les conseilleurs, c'est le cas de le dire, ne sont pas les payeurs.

Soit ! mais c'est ici que se découvre le vice rédhibitoire de notre organisation à la fois individualiste et égoïste. Le conflit des égoïsmes n'a pas d'autre issue que la soumission d'une des deux parties, la plus faible. Il faut que le capital, dans l'intérêt même des travailleurs — on ne doit pas se lasser de le redire, — ait ses coudées franches, et il faut que les travailleurs subissent les conditions du marché. S'ils ne sont pas exploités, au sens rigoureux du mot, faut-il s'étonner que quelquefois ils croient l'être, et qu'ils recourent alors à la grève ?

Le refus du travail est, assurément, un remède héroïque ! Il semble d'abord aller contre son but, puisque, pour un avantage incertain, il ajoute des maux certains, ne fût-ce que pour un moment, à ceux qu'on veut alléger, et il risque aussi de le dépasser en entraînant la désorganisation de l'industrie. Pour la première raison, il n'est pas à la portée de tout le monde. Ce ne sont pas ordinairement ceux qui en auraient, en réalité, le plus besoin qui l'emploient, mais ceux qui ont, par leur nombre même, une force imposante et qui se sont, autant que possible, ménagé des ressources, soit, comme nous l'avons vu, par des épargnes collectives, soit au moyen de concours promis par des groupements similaires déjà plus favorisés. Ils se servent ainsi du droit que la loi leur reconnaît de se *syndiquer*, ou de s'unir pour défendre leurs revendications.

Ces syndicats ouvriers peuvent rendre les plus grands services. Ils donnent aux réclamations des travailleurs la force qu'elles n'auraient jamais si elles se présentaient isolées. En outre, ils offrent aux patrons eux-mêmes cette garantie que leurs concurrents ne pourront pas, à la faveur d'un avilissement de salaires consenti par telle ou telle catégorie d'ouvriers, obtenir, dans les adjudications, des commandes au rabais. Mais ils deviennent, dans certains cas, des instruments de tyrannie : dès qu'ils comprennent la majorité du personnel d'une usine ou d'un établissement quelconque, ils imposent leur volonté à ceux mêmes qui préféreraient continuer le travail ; ils veillent à ce que d'autres ouvriers ne puissent pas être embauchés par les patrons ; ils font ainsi obstacle à la libre concurrence qui est cependant la seule garantie d'une application exacte de la loi de l'offre et de la demande, et, enfin, c'est par eux que se produit le danger d'une désorganisation de l'industrie qui les fait vivre et qu'ils devraient défendre, s'ils acceptent les secours d'autres syndicats nationaux ou étrangers. Ces secours, en effet, ne sont bien souvent que la faible rançon des commandes qui se détournent de la maison momentanément fermée, pour aller aux maisons rivales, quelquefois sans retour. Et que dire des grèves que des menées maladroites font éclater au moment précis où le patron en a besoin, soit parce qu'il prévoit une surproduction, soit parce qu'il est déjà mécontent de l'attitude ou de l'indocilité de certains ouvriers ?

Dans les cas même où cette mesure de défense, extrême et toujours périlleuse, semble le mieux justifiée, il serait à souhaiter que les ouvriers fussent assez éclairés sur leurs propres intérêts et assez prudents pour faire leurs affaires tout seuls. On raconte que dans certains pays, ils ont déjà assez d'expérience pour n'avoir à accepter la collaboration de personne, et qu'ils évitent avec soin de laisser se mêler à une question purement économique et toute particulière des questions d'ordre différent et d'un caractère général. Chez nous, ils sont encore loin d'avoir toujours autant de sagesse. Sans doute, il est naturel que l'opinion publique s'émeuve de certains de ces conflits entre le capital et le travail ; elle a de la peine à comprendre que les patrons, si les revendications de leurs ouvriers sont acceptables, leur fassent payer du prix de tant de misères et qui ne sont pas sans retentissement sur leur prospérité à eux-mêmes, un relèvement de salaires qu'ils finiront par consentir ; ou que les ouvriers s'obstinent à réclamer, malgré les conséquences immédiates de leur chômage volontaire, une augmentation qu'ils ne peuvent pas obtenir ; d'un autre côté, elle n'admet pas facilement que ces conflits, malgré leur fréquence à certaines époques, soient autre chose que des exceptions, qu'ils justifient l'intervention d'orateurs politiques d'une compétence quelquefois douteuse, ni surtout qu'ils autorisent la condamnation en bloc de toute l'organisation du travail.

Pour quiconque est, en effet, tant soit peu au courant de cette organisation, ce qui frappe le plus c'est l'extrême variété qu'elle présente suivant la différence des régions et des industries. Elle est née, il est vrai, de l'égoïsme, de l'envie de gagner, mais d'un égoïsme intelligent et qui ménage ses instruments de profit. Elle s'adapte aux circonstances, tient compte des forces et des caractères, se plie aux besoins, et procure, à tout prendre, plus de sujets de contentement, avec un accroissement de bien-être, qu'elle ne fournit de raisons de se plaindre. Certes, le travail est toujours le travail, et il ne se fait nulle part et d'aucune manière sans peine. Mais, dans les métiers même les plus rudes, l'accoutumance adoucit singulièrement cette peine, souvent même la fait aimer, et le courage, entretenu par la certitude du gain, permet de l'affronter avec cette sorte de gaieté et de bonne humeur qu'on met à l'accomplissement d'un devoir reconnu et accepté. Dans beaucoup de nos contrées, à voir les ouvriers et les ouvrières se rendre au travail ou en revenir, à l'entrée ou à la sortie des ateliers, on dirait plutôt, si ce n'était leur âge, des bandes d'écoliers étourdis, mais foncièrement dociles. Rien dans leur allure ou leurs attitudes ne dénonce des *victimes du capital*, et l'idée, je crois, ne leur viendrait pas de comparer ces ateliers à des *bagnes*. Ils forment encore, dans notre pays, la majorité.

Mais, dans d'autres endroits, surtout dans certaines villes, par le seul effet, peut-être, du rapprochement et du contraste qui fait envier la richesse, par suite aussi de certaines excitations, ce sont des dispositions toutes différentes. Là, toutes les critiques que l'on peut adresser à notre état social trouvent des oreilles favorablement prévenues. La défiance à l'égard du patron, quelquefois portée jusqu'à la haine, est le sentiment qui domine. C'est elle qui fait imputer, sans plus de réflexion, à ce patron et l'inégalité des conditions et la nécessité du travail et la médiocrité des salaires. C'est elle qui rend les grèves si faciles et si fréquentes et, par suite, toutes les transactions précaires.

Il serait souverainement injuste, cependant, de rendre seuls les ouvriers responsables de cet état d'esprit et des crises qui en résultent de temps à autre. La faute, si faute il y a, paraît en être à ceux aussi qui leur parlent, en toute bonne foi, nous le voulons bien, mais avec trop peu de prudence, de la nécessité d'une réforme sociale et qui les exhortent à la préparer avec eux. Dès qu'une grève un peu importante est signalée quelque part, on les voit accourir. Touchés du sort des ouvriers, ils prennent en mains leurs intérêts ; ils les engagent à ne pas faiblir jusqu'à ce que leurs revendications aient triomphé, et, pour les consoler du dénûment où les réduit leur chômage volontaire, ils n'ont que la ressource de leur faire entrevoir une révolution sociale qui bouleversera l'ordre établi, détruira le régime capitaliste et transformera si bien les conditions du travail que la répartition de ses produits sera enfin conforme à la justice. On ne sait que trop à quoi aboutissent fatalement, dans la plupart des cas, ces interventions : à la prolongation des grèves, à l'aggravation, enfin, des maux qui en sont la conséquence immédiate, et quelquefois, par la désorganisation de l'industrie, à la ruine d'une contrée.

Peut-être aussi faut-il songer aux suites de ces théories humanitaires à mesure qu'elles se répandent, plus ou moins bien comprises, dans l'esprit des travailleurs. On croit volontiers ce qu'on désire ; on s'imagine que la terre promise est tout près ou qu'une ère nouvelle ne tardera pas à s'ouvrir ; on rêve et l'on se préoccupe des moyens de hâter l'évolution ou la révolution, on ne sait trop, plutôt que la besogne habituelle. Et alors les ouvriers se persuadent que, par une entente, ils pourraient, étant le nombre, ou s'emparer au moyen du suffrage universel des pouvoirs publics et les exercer à leur profit, ou, plus violemment, par une grève générale, par la force même, déterminer une transformation totale de la société.

On ne peut guère leur contester cette double possibilité, et, quelle que soit la difficulté d'une entente assez générale pour amener de tels changements, c'est une éventualité redoutable.

Il y a cependant des vérités qui doivent, pour peu qu'on les examine, frapper tous les esprits. Nous nous contenterons de les rappeler, sans entrer dans le détail qu'exigerait la diversité des écoles socialistes et sans craindre de nous exposer au reproche de ressasser de vieux arguments. Si ces écoles, en effet, prétendent empêcher par quelque procédé que ce soit l'égoïsme d'aboutir aux conséquences que nous l'avons vu produire sous le régime de la liberté, peu importe la valeur des objections qu'on leur oppose sur tel ou tel point. L'essentiel est de faire comprendre qu'avant tout progrès durable, il faut que l'homme change d'opinion sur sa nature et se change lui-même par là jusqu'à un certain point. Tant qu'il restera égoïste, ni la force, ni la contrainte légale ne modifieront les choses d'une manière appréciable, et elles n'apporteront que troubles et misères sans réel profit pour personne.

Une révolution qui modifierait brusquement les rapports des hommes, sans changer l'homme même, sans renouveler en quelque sorte sa nature, ne servirait qu'à faire des ruines sur lesquelles les hommes restés ce qu'ils sont, avec les mêmes instincts et le même égoïsme, rebâtiraient peu à peu l'édifice qu'ils ont déjà bâti. Au lieu d'un progrès, ce serait d'abord autant de terrain perdu pour tous, et à regagner ensuite péniblement pour la plupart d'entre nous. Les faibles, c'est-à-dire la grande majorité, souffriraient bien plus de ce cataclysme qu'ils ne souffrent aujourd'hui de l'ordre accoutumé. De même qu'après une guerre se produit ordinairement une période d'activité agricole, industrielle et commerciale d'autant plus brillante qu'il y a plus de pertes à réparer et que les pauvres, aussi, sont alors davantage à la merci des riches, cette révolution, si elle se déchaînait, favoriserait plus que tout au monde un nouvel essor des entreprises et des spéculations, tout au profit, bien entendu, des capitalistes et des gens habiles. Et qu'on ne dise pas qu'il n'y aura plus de capitalistes ! A moins de supprimer la liberté, les circonstances seront trop favorables pour que des capitaux ne soient pas reconstitués dès le lendemain de la catastrophe. Tout au plus aurait-elle ainsi pour résultat de faire qu'ils aient changé de mains. Mais, je vous le demande, la question sociale est-elle donc de savoir si c'est Pierre ou Paul qui sera le riche ?

L'occupation des pouvoirs publics, grâce au consentement de la majorité des électeurs, permettrait de prendre des mesures législatives pour changer le régime de la propriété et, en même temps, sinon les rapports du capital et du travail, du moins ceux du patron et de l'ouvrier.

En principe, rien ne condamne de pareilles visées. Le régime de la propriété n'a rien, en soi, d'immuable. Il a varié, en fait, d'une époque à une autre, chez les différents peuples, et on conçoit qu'il puisse être soumis à de nouvelles variations. Dans la hiérarchie des droits, telle que la réflexion sur la nature humaine permet de l'établir, le droit de propriété occupe le dernier rang ; il n'apparaît que comme la condition d'exercice de deux droits plus essentiels, le droit de vivre et le droit de disposer de sa vie comme on l'entend, ou la liberté. C'est donc par cette utilité intrinsèque que le droit individuel de propriété, c'est-à-dire le droit d'user de certaines choses à l'exclusion de tout autre, se justifie. Et l'on conçoit que si l'exercice de ce droit était nuisible, tout compte fait, à l'exercice des droits primordiaux de vivre, et de vivre librement, on dût le restreindre, le supprimer même et substituer à la propriété individuelle la propriété commune, ou sociale, ou, comme on dit encore, collective.

Ce changement entraînerait d'abord l'expropriation de tous les biens individuels, et se heurterait, par là, à une première difficulté. Jusqu'à présent la société a reconnu le droit individuel de propriété; elle s'est même constituée tout entière sur la reconnaissance de ce droit; pourrait-elle le supprimer, procéder à l'expropriation dont il s'agit sans indemniser ceux qui ont, jusqu'à présent, possédé en toute justice ce dont on veut les dépouiller? Si oui, on viole à leur égard la justice; si non, on reconnaît donc, au moment même où on veut l'abolir, le droit de propriété individuelle. Il y a là un dilemme dont on ne peut sortir que si, au lieu d'une décision de la majorité, nous avons le consentement de tous en faveur de la transformation supposée désirable. Ce consentement unanime est-il probable sans une modification profonde de la nature humaine, de notre nature égoïste, et si cette modification se produisait, qui à la place de l'égoïsme mettrait l'amour de nos semblables, des mesures législatives, telles qu'on les propose, seraient-elles encore nécessaires?

Il ne faut pas croire d'ailleurs que l'on ait le droit de passer outre et de décréter, sans indemnité, l'expropriation de tous les biens individuels. On ne peut pas, en effet, sous prétexte d'arriver à plus de justice, commencer par attenter à la justice. Ce serait souffleter la divinité que l'on prétend adorer. Nous ferions, en réalité, comme ces personnages qui ont des dettes, et qui, au lieu de les payer, s'avisent de faire des libéralités. Nous ne sommes pas libres, en d'autres termes, d'organiser la société comme il nous semblerait bon de le faire, tant que nous sommes liés et tenus par d'anciens engagements envers ceux qui n'y renoncent pas de leur côté. On parle beaucoup aujourd'hui de solidarité. Eh bien! nous sommes en effet solidaires de ce que nos devanciers ont regardé comme juste, et, puisque la propriété individuelle leur a paru juste comme garantie des droits de vivre et d'être libre, nous ne pouvons rien, à moins de les indemniser — et c'est prouver précisément que nous ne pouvons rien, — contre ceux qui persistent à croire cette garantie nécessaire et la défendent.

Admettons cependant que l'on soit parvenu, je ne sais comment, à cette forme collective de la propriété. Le sol et toutes les matières premières, tous les moyens de production appartiennent à la communauté; le travail est organisé de telle sorte que ses produits soient aussi une propriété commune. La question qui se présente aussitôt est de savoir qui organisera ainsi le travail et qui fera le partage de ses produits? Y a-t-il donc des hommes si supérieurs aux autres hommes que nous devions leur reconnaître une autorité absolue et leur obéir aveuglément, soit pour cette organisation, soit pour ce partage? Car c'est bien d'une seule entreprise qu'il s'agit, pour remplacer toutes les entreprises particulières : ce sera la substitution de l'État, ou de je ne sais quel pouvoir unique, à tous les patrons d'aujourd'hui. Sans parler des difficultés que rencontreraient la construction et la mise en train d'une si formidable machine, c'est-à-dire la répartition des rôles entre les individus qui en seraient comme les organes du plus haut au plus bas degré, sans parler des compétitions et des luttes que cette répartition ne manquerait pas de susciter, et à supposer, enfin, que le travail de tous, depuis les administrateurs les plus élevés en grade jusqu'au dernier ouvrier, fût définitivement réglé, comme la part de chacun dans la distribution des produits, qui ne voit par quelle tyrannie, de toute nécessité, ce régime s'établirait et se maintiendrait? N'oublions pas, en effet, qu'il n'a pas eu pour point de départ une transformation préalable et radicale de la nature humaine, qu'il s'applique à des substances ou à des personnes, c'est-à-dire à des êtres foncièrement égoïstes. Comment admettre que ces égoïsmes produisent les effets du désintéressement, que ces personnes renoncent à leur personnalité et se comportent comme de simples rouages d'un mécanisme impersonnel, si ce n'est par une compression rigoureuse de toute initiative, par la suppression de la liberté, par l'établissement enfin d'un despotisme absolu?

Il faudrait donc, sous prétexte d'arriver à une répartition strictement juste de la richesse et des revenus, supprimer toute liberté de vivre et de se mouvoir à son gré, placer tous les hommes sous une haute surveillance, et assigner à chacun sa profession, sa tâche journalière ; mais ce serait comme la banqueroute de l'existence humaine, car la liberté est notre bien le plus précieux, le plus indispensable de nos droits pour atteindre aux fins les plus élevées de notre vie. Et qui ne voit que cette conception d'une organisation de la propriété collective est, en outre, contradictoire en elle-même, puisqu'elle revient à affirmer, à la fois, et à nier la même chose, à savoir l'amour de la justice dans l'humanité et la possibilité pour elle de faire elle-même ses affaires.

On insistera peut-être : on dira que la plupart des ouvriers gagneraient à ce régime. Quelle liberté, en effet, ont-ils à perdre ? Par le besoin de gagner leur vie, ne sont-ils pas déjà contraints d'accepter, de subir les conditions de travail qu'en vertu de la loi de l'offre et de la demande, le capital leur impose ? Sans doute ; mais il ne faut pas confondre cette nécessité toute extérieure et impersonnelle avec la volonté de tel ou tel. Dans ces exploitations rurales, dans ces ateliers ou ces usines, qu'on leur représente déjà comme des bagnes, nul ne les force ni d'entrer ni de rester. S'ils se trouvent trop mal ici, ils peuvent aller ailleurs, et certains ne se font pas faute de changer de maison, de travail et de patron. Rien ne montre mieux combien sont corrélatives la propriété individuelle et la liberté. Avec la propriété individuelle qui rend possible l'infinie diversité d'entreprises agricoles, industrielles et commerciales entre lesquelles se répartit l'activité d'un grand pays, et dont les chefs ou les patrons ne sont occupés que d'intérêts bien déterminés, et qu'ils connaissent à merveille — les leurs, — il y a pour les ouvriers mille chances pour une de trouver le travail qui leur convient le mieux et aux meilleures conditions. Supposez, au contraire, la suppression de la propriété individuelle et l'organisation sociale du travail : c'est, aussitôt, la substitution d'un seul patron, de je ne sais quel individu ou je ne sais quel Conseil unique, à tous les patrons du régime actuel, et l'embrigadement inflexible des travailleurs, désormais emprisonnés dans une tâche fixe, sans discussion possible des conditions imposées, puisque toute concurrence est abolie, sans espoir de changement ou de libération. Sous le régime où nous vivons, propriété individuelle et liberté sont, pour les ouvriers comme pour les patrons, deux termes inséparables. Ce serait donc attendre des ouvriers le renoncement à leurs propres intérêts, que de leur proposer, par haine du patronat actuel, le régime de la propriété collective.

Que faut-il d'ailleurs entendre par cette collectivité qui fait rêver du collectivisme dont on nous rebat les oreilles ? Elle n'est rien, en dehors des individus qui la composent. Ce n'est donc qu'un mot. La réalité, c'est vous ou moi, ce sont les personnes dont la société est formée. Il y a, sans doute, des intérêts sociaux ou collectifs, auxquels nous l'avons vu, il faut penser quelquefois, ne fût-ce que pour ne pas rester trop renfermé dans le souci exclusif de ses intérêts particuliers. Mais ces deux sortes d'intérêts se distinguent nettement, et il est aussi funeste de les confondre que de les sacrifier les uns aux autres, ou mieux cette confusion entraînerait nécessairement la négation des uns ou des autres. Chacun de nous doit se charger de défendre le mieux possible, en respectant la justice, ce qui lui appartient. La collectivité, qui n'existe pas, qui n'est qu'un mot, ne peut, comme telle, rien faire pour la défense de ce qui la touche. Il faut qu'elle se personnifie en des individus qui la représentent, qui agissent en son nom, et ces individus ont pour premier devoir, eux aussi, de respecter la justice, c'est-à-dire de respecter ce qui appartient aux particuliers et de concilier le mieux possible les droits de chacun et les droits de tous dont ils ont la charge. C'est là le rôle de l'Etat ; nous l'avons montré.

VII

LA NATIONALISATION DES TERRES
ET LA SUPPRESSION DES IMPOTS

———

Mais l'Etat, dit-on, représenté par le gouvernement et tel que nous l'avons fait connaître, n'est pas ce qu'il devrait être en réalité. A part quelques domaines relativement peu considérables, il ne possède rien en propre ; il n'a à sa disposition, pour la défense des intérêts sociaux ou collectifs, que les impôts péniblement arrachés aux citoyens, de telle sorte — on l'a spirituellement affirmé, — que des diverses catégories dans lesquelles on peut classer les individus suivant leur genre de ressources : ceux qui vivent de leurs rentes, ceux qui vivent de leur travail et ceux qui vivent de vols et de rapines, c'est vraiment à la catégorie de ces derniers qu'il appartient. Pour bien faire, il faudrait lui attribuer la propriété du sol tout entier et de tout ce qu'il contient, comme les carrières et les mines, en un mot, la propriété de toutes les matières premières. C'est à lui que reviendraient alors la rente de tout le territoire et les intérêts et dividendes de toute exploitation agricole ou minière. Les impôts, sous toutes leurs formes, seraient, par suite, naturellement supprimés, et il en résulterait, l'industrie restant libre et désormais dégrevée de toute charge, une foule d'avantages qui auraient pour l'ordre social tout entier les plus heureux effets.

Quel bien ne serait pas, en effet, l'abolition des impôts ! De quelque manière qu'on cherche à les établir, directe ou indirecte, on se heurte à mille difficultés, on s'expose à causer mille vexations, à entraver le travail, à gêner la production, à arrêter, au préjudice de tout le monde, le développement de la richesse. Plus d'impôts, la libre disposition de son activité laissée à tous, c'est l'idéal, et ce serait une réalité, nous dit-on, si l'Etat devenait propriétaire du sol.

Nous ne nous arrêterons plus à cette objection qu'il faudrait donc exproprier les propriétaires actuels et les indemniser. Les partisans de ce système reconnaissent tous les premiers, en effet, qu'une expropriation sans indemnité serait une injustice, et, en même temps qu'ils nous proposent cette ingénieuse façon de faire sortir l'Etat de la catégorie où nous sommes tentés aujourd'hui de le ranger, ils ne sont pas embarrassés pour prouver, chiffres en mains, la possibilité d'une pareille opération. Il suffit, à leur avis, d'escompter certaine plus-value naturelle, normale, de la rente. Mais il y faudrait cette condition, toutefois, qu'il n'y aurait pas de guerre à redouter pendant un certain temps, ou, ce qui vaudrait mieux encore, que la guerre fût à tout jamais abolie.

Passons par dessus toutes les difficultés qu'une pareille expropriation en masse ne manquerait pas de soulever. Oublions que l'amour de la terre est le plus fort au cœur de nos paysans et qu'il ne sera pas facile de les déposséder. Oublions-le et supposons que l'Etat soit devenu et demeure seul propriétaire du sol, et que soit achevée, en ce sens, ce que l'on appelle la nationalisation de certains moyens de production. De deux choses l'une : ou il gérera lui-même toute cette immense propriété, ou il la divisera en parcelles plus ou moins étendues qu'il affermera, comme font les détenteurs actuels qui ne veulent pas ou ne peuvent pas exploiter eux-mêmes leur fonds. De quelque côté que l'on penche, il me semble qu'il y a beaucoup d'inconvénients à redouter.

Si l'Etat administre lui-même ses biens, il sort de son rôle qui est essentiellement de veiller à la conciliation des intérêts généraux et des intérêts particuliers, il se transforme en simple citoyen et se propose des fins toutes semblables à celles d'un patron ordinaire. Mais il y a ici cette aggravation que de cela seul qu'il est le seul patron de son espèce, il n'y a plus aucune concurrence qui le stimule, comme elle stimule les patrons ordinaires et mis en rivalité les uns avec les autres, qui l'excite à améliorer ses procédés et son outillage, à tirer de son domaine tout ce qu'il peut donner. Il sera toujours stimulé, dira-t-on, par la concurrence des nations étrangères ? Ce n'est pas suffisant. Les intérêts dont il a seul la charge ne sont pas assez les siens pour qu'il les défende avec des chances de succès contre des concurrents étrangers, surtout si ces derniers restent, par hypothèse, les maîtres de leurs entreprises individuelles à la manière de nos cultivateurs d'aujourd'hui, comme ceux-ci auraient à cœur de les défendre. N'oublions pas d'ailleurs que nous n'avons pas affaire ici à une Société, je suppose, uniquement occupée d'affaires proprement dites. Cet être abstrait qu'on appelle l'Etat, est représenté par un gouvernement, qui ne peut pas être seulement cultivateur. Ce sont tels ministres, tels directeurs généraux ou tels chefs de services, tous plus ou moins soumis aux fluctuations de la politique, incertains de garder leur place assez longtemps pour assurer le succès de telle ou telle mesure, et qui enfin, il faut toujours en revenir là, administrent la chose publique et non leurs propres affaires. Or, nous avons dès maintenant, et sans que je veuille me permettre aucune insinuation inopportune, des moyens de savoir ce que vaut quelquefois, en pareille matière, l'administration de l'Etat. Elle n'est pas sans reproche, et on peut en dire, sans s'exposer à dépasser la mesure, les principales raisons, sous le couvert de la supposition qui nous occupe.

Dans cette supposition d'une gestion directe de toutes les terres par l'Etat, tous ses employés, tous ses ouvriers seraient, par le fait même, des fonctionnaires. Il y aurait, sans doute, quelques avantages pour eux à recevoir ce titre, si les règles ordinaires étaient observées : un fonctionnaire, comme nous l'entendons, est garanti contre les mortes-saisons, n'a pas de chômage à redouter et est assuré d'avoir, après un certain temps, une retraite. Mais je ne sais s'il faudrait s'en féliciter pour la chose publique. Au moins faudrait-il souhaiter que de grands changements fussent possibles dans la manière d'être habituelle de cette classe de personnes ; car le fonctionnaire, à tort ou à raison, passe pour être, par essence et de cela seul qu'il est couvert par ses chefs, ennemi de toute initiative et enfermé dans la routine. Si encore on pouvait espérer que ce défaut sera compensé par une docilité parfaite et qu'on n'aura plus à redouter ces conflits qui sont la principale raison de poser la question sociale ! Mais à en juger par ce que nous voyons dans certains ateliers ou certaines manufactures qui ont l'Etat pour patron, et dont le personnel est par conséquent, un personnel de fonctionnaires, il ne semble pas que cette espérance soit bien fondée. Là, comme ailleurs, les ouvriers trouvent des prétextes de se plaindre, et demandent l'autorisation de former entre eux des syndicats, qui sont, nous l'avons remarqué, le moyen le plus pratique pour organiser la grève à l'occasion. L'Etat ne paraît donc pas être, aux yeux de ses propres ouvriers, un patron beaucoup meilleur que les autres, et il a de plus, sur ces derniers, le désavantage de ne gérer que les affaires publiques, c'est-à-dire de n'avoir pas, de ne pouvoir pas avoir. puisqu'il est représenté tantôt par tel ministère, et tantôt par tel autre, des intérêts vraiment propres et siens à défendre, avec la suite et la continuité de vues qu'il faudrait.

Toutes ces considérations portent à croire que cette grande entreprise agricole, forestière, minière, etc., risquerait de péricliter en de pareilles mains ; ce n'est assurément pas dans l'industrie seulement que l'on peut faire de mauvaises affaires et s'exposer à la faillite.

Mais l'Etat pourrait affermer ses terres, et comme un particulier loue son domaine pour un prix déterminé et laisse à son fermier toute liberté d'action, il n'aurait qu'à percevoir ses fermages sans s'inquiéter de ce que font ceux qui se sont engagés à les lui servir, et en leur assurant, pour l'exploitation de leurs parcelles, la plus complète indépendance.

Quelle différence y aurait-il donc entre ces gérants des biens de l'Etat et nos cultivateurs actuels ? Ou quelle différence entre ces occupeurs, comme on dit dans certaines provinces, des propriétés de l'Etat et les propriétaires terriens d'à présent, qui cultivent eux-mêmes, ou les locataires de ceux qui ne cultivent pas eux-mêmes ? Une simple différence de nom, encore seulement en ce qui concerne les propriétaires d'aujourd'hui qui cultivent, puisqu'ils ne s'appelleraient plus propriétaires ; mais ce n'est pas le cas de dire que le nom ne fait rien à l'affaire ! Expropriés, en effet. ils ne seraient pas nécessairement pour cela dépossédés, évincés, pas plus que les fermiers des propriétaires qui ne cultivent pas eux-mêmes. Ce ne serait pas l'intérêt de l'Etat de confier son domaine à des mains inexpérimentées, incapables de le faire prospérer. On verrait donc souvent, sinon toujours, les mêmes cultivateurs rester sur les mêmes champs. Anciens propriétaires *faisant valoir*, ils continueraient à faire valoir, et comme ils auraient reçu en manière d'indemnité le prix de leur terre, ils ne seraient pas embarrassés, je suppose, pour payer la rente au nouveau propriétaire, à l'État ; ils auraient, pour ainsi dire, le choix, pour cela, entre le revenu de leur indemnité et le rendement de la terre, et il n'y aurait. au bout du compte, encore une fois, qu'un nom de changé : ces anciens propriétaires seraient désignés comme de simples tenanciers ; mais il faut bien peu connaître le cœur humain pour croire que ce changement de nom leur serait indifférent. Pour les locataires ou fermiers de ceux qui ne font pas valoir eux-mêmes et dont il n'y a pas à se préoccuper, puisque l'indemnité les a mis hors de cause, ils continuent, comme avant, à payer leurs fermages, et peu leur importe, en définitive. que ce soit à tel individu ou à l'État. Ils n'en seront ni moins chargés ni plus riches ; ils devront seulement renoncer à l'espérance d'acheter, puisqu'il n'y en a plus à vendre, de la terre avec leurs économies. A eux, dira-t-on, de prendre de nouvelles habitudes et à chercher d'autres placements. Est-ce donc si facile ?

A mettre les choses au mieux, ce serait une grosse opération financière que cette substitution de l'État aux détenteurs actuels du sol, singulièrement aléatoire par ses proportions mêmes, sinon impossible, mais dont les effets sur le développement industriel pourraient être, il est vrai, considérables. En revanche, n'aurait-elle pas pour résultat de diminuer l'intérêt spécial que les cultivateurs. amoureux de la terre, portent à leur travail quand ils travaillent pour eux-mêmes, et par le fait de les assimiler tous à de simples occupeurs, ne rendrait-elle pas plus lents et plus difficiles les progrès de la culture ? Bien plus, ne pourrait-on pas dire que l'on ferait ainsi porter sur la manifestation la plus importante de l'activité nationale une très lourde charge, puisque, sous prétexte de supprimer des impôts dont elle a déjà trop souvent lieu de se plaindre, on frapperait uniformément toutes les terres, et à perpétuité, d'un impôt bien plus pesant, celui de cette rente payée à l'État, par rapport à laquelle, en réalité, l'indemnité n'apparaîtrait bientôt, une fois payée, que comme une compensation dérisoire.

Le danger de nuire aux travaux des champs, de désaffectionner, si l'on peut ainsi parler, les paysans, qui forment la majorité des travailleurs, en supposant, bien entendu, qu'on parvînt malgré eux à établir le nouveau régime, est assez grave pour qu'on hésite à acheter de ce prix l'abolition, plus apparente, par surcroît, que réelle, des impôts. Et encore ne disons-nous rien de la moralité de l'impôt, tel du moins que l'on cherche à l'établir aujourd'hui, et que des réformes successives le règlementeront peu à peu : il est ou devrait être la rétribution par chaque citoyen des services que lui rend ou doit lui rendre l'État, et dans la proportion aussi exacte que possible où ils lui sont rendus. Or, ainsi compris, il est un des moyens les plus légitimes de rappeler à chacun les intérêts généraux dont il est bon que chacun se préoccupe à certains moments, sans compter qu'on veille plus attentivement d'ordinaire à l'emploi de ressources que l'on fournit soi-même qu'on ne ferait pour une fortune collective et en quelque sorte ne coûtant rien à personne.

Mais ce qui nous intéresserait surtout ici, c'est de savoir quelle modification dans les rapports du patron et de l'ouvrier résulterait de cette attribution à l'État des propriétés foncières. Pour les propriétés rurales soumises au système d'exploitation que nous venons d'analyser, il est difficile de voir en quoi ces rapports différeraient de ce qu'ils sont aujourd'hui. Cette sorte de collectivisme laisserait en présence, comme à présent, le capital et le travail; la loi de l'offre et de la demande produirait ses effets ordinaires ; ni le patron, — et il faut entendre ici le fermier, puisqu'il n'y aurait plus de propriétaires, — ni l'ouvrier n'auraient rien à y gagner ou à y perdre ; ce n'est pas encore cette réforme qui rendrait à l'agriculture les bras dont elle a, dit-on, besoin.

Et, de la même manière, il n'est pas facile de voir quel profit les ouvriers mineurs retireraient de *la nationalisation* des mines. On comprend ce que l'exploitation de ces mines pourrait perdre à être faite — nous l'avons brièvement indiqué, — par des agents transformés en fonctionnaires, qui ne dépendraient plus d'une Société uniquement occupée de faire des bénéfices ; mais on comprend aussi combien serait naturelle la tentation de compenser autant que possible ces chances de moins-value par plus d'économie sur les salaires. Les grèves ne seraient donc pas, selon toute apparence, plus rares, et il manquerait aux grévistes la ressource de recourir à l'arbitrage de l'État, comme ils aiment tant aujourd'hui à le faire.

Aussi bien n'est-ce pas avec le dessein d'améliorer la condition de l'ouvrier des champs ou celle des mineurs qu'on a proposé cette expropriation générale du sol ; elle n'aurait sur ces conditions aucune influence, du moins directe ; elle ne pourrait en avoir une que par contre-coup, et en conséquence des prétendus avantages produits par l'abolition des impôts ; mais nous avons fait voir les difficultés que rencontrerait nécessairement l'emploi de cette méthode pour les abolir, et signalé aussi quelques inconvénients même en cas de succès : ce qu'il faudrait chercher de préférence ce serait le moyen de les alléger.

Or, c'est surtout sur la petite propriété rurale, — on a commencé à le comprendre, — que pèsent les impôts, et bien loin de gêner le développement de cette forme de propriété, et, à plus forte raison, de la supprimer, l'État devrait l'aider et l'encourager le plus possible. Il n'y en a point, en effet, qui soit plus favorable à l'épargne et au bon usage de l'épargne, comme à l'épanouissement de toutes les qualités qu'elle suppose. Mais on va répétant que seule la grande propriété peut profiter du progrès. Et cependant, par l'association, par des syndicats, ne voit-on pas les petits propriétaires s'assurer tous les avantages de la grande culture et en tirer meilleur parti ? La même propriété, en effet, qui se cultivera avec vingt-cinq personnes et des machines, et donnera au propriétaire un revenu net de quinze ou vingt mille francs dépensés à la ville, si elle est divisée en parcelles, fera vivre cinq cents personnes, qui épargneront de plus en plus à mesure que le fonds sera amélioré, et toute cette épargne, ou la plus grande partie, sera employée, comme elle doit l'être, à continuer d'améliorer la terre. L'égalité absolue des enfants devant la succession paternelle, telle qu'elle est déjà reconnue en France, assure d'ailleurs, dans notre pays, la division de la propriété foncière et la rend, pour ainsi dire, accessible à tous. Mais le travail industriel fait entrevoir des bénéfices plus rapides, et les séductions des villes, où la vie cependant n'est pas, en réalité, plus facile, forment une sorte de mirage auquel se laisse prendre trop aisément une portion toujours croissante de la jeunesse rurale et contribuent d'une façon regrettable à la dépopulation des campagnes. On parviendrait peut-être à y remédier dans une certaine mesure, si, à l'école primaire, on insistait davantage sur ce grand principe que la richesse dépend, non de ce qu'on gagne, mais de ce qu'on épargne.

Il ne semble pas, dans tous les cas, que le besoin se fasse sentir à notre époque de ces lois agraires que l'accaparement des terres cultivables a rendues quelquefois nécessaires ou désirables. Sans doute la terre apparaît toujours, à la manière de l'air et de la lumière, par exemple, comme une propriété commune à tous, à laquelle, en un sens, a droit chacun de nous, et dont l'attribution exclusive à tel ou tel ressemble à une injustice que l'utilité seule rend, tolérable. Si l'air et la lumière, dit-on quelquefois, avaient pu être divisés et morcelés comme la terre, il y a beau temps que la grande majorité des hommes s'en verrait privée, et l'on rêve, d'une façon ou d'une autre, à faire rentrer les champs et ce qui s'y rapporte dans le domaine commun de l'humanité ou, en attendant mieux, de la nation.

Mais, à considérer le fond des choses, on peut arriver à une appréciation plus exacte de la réalité. Il n'est pas même nécessaire d'invoquer le droit du premier occupant pour légitimer ce qu'on appelle la propriété individuelle du sol. Ce droit, il est vrai, se justifierait par une certaine énergie, la persévérance, le travail enfin, et puis si l'on était tenté d'user de la formule : « ce qui n'appartient à personne appartient à tout le monde », il ne serait pas difficile de montrer en quoi elle est fausse et à quelles absurdités elle conduirait. D'abord, ce qui n'appartient à personne, en bon français n'appartient à personne, tout simplement, et se trouve ainsi à la disposition, en effet, de quiconque aura ou la volonté ou la chance, laquelle ne va guère sans quelque mérite, de se l'approprier. Ensuite, ce *tout le monde* que l'on invoque ici, ce ne sont pas, sans doute, nos contemporains tout seuls qu'il comprend, mais nos descendants aussi, et la question vraiment se poserait de savoir si nous avons le droit, par exemple, d'exploiter les mines que nous découvrons et de les épuiser à notre profit. Mais pour apprécier exactement la question telle qu'elle est posée devant nous, du droit de propriété individuelle de telle ou telle parcelle de terre, il n'est pas nécessaire de remonter au déluge. En fait, et à regarder seulement ce qui se passe autour de nous, ce n'est pas, à proprement parler, la terre que l'on vend, ou que l'on achète, ou que l'on transmet par héritage ; c'est le droit d'en tirer parti, de *faire valoir* son utilité, qui est gratuite comme toutes choses naturelles, et n'acquiert, en effet, de valeur que par le travail, c'est aussi l'épargne qu'un travail antérieur lui a, en quelque sorte incorporée. Mais le fonds n'est jamais aliéné; il reste toujours la propriété de tous, et l'impôt, à le bien prendre, n'est autre chose, précisément, qu'un fermage payé à la collectivité, en retour de la garantie que celle-ci s'engage à fournir que l'exploitation de l'utilité gratuite ne sera pas troublée. La grande affaire est seulement de ne pas exagérer, de ne pas gaspiller, comme on le fait trop souvent, ce fermage ou cet impôt, de ne pas changer, pour mieux dire, une simple garantie en persécution. Mais, comme on le voit, il n'y a pas d'expropriation générale à proposer, ou ce serait la collectivité qui s'exproprierait, ce qui n'a pas de sens. Et en même temps, il est facile de comprendre que la même collectivité, pour des raisons d'utilité générale, ait le droit d'exproprier, avec indemnité, telles ou telles parcelles, c'est-à-dire d'en changer l'usage, de les soustraire à la culture, par exemple, pour y faire passer un chemin qui ne servira qu'à favoriser, en somme, l'exploitation des autres parcelles telle qu'elle doit être garantié.

VIII

LES CRAINTES POUR L'AVENIR

On disait, il y a trois cents ans : « Pâturage et labourage sont
les deux mamelles de la France », et l'on vit à la même époque,
grâce au rétablissement, plus ou moins intermittent, de l'ordre et
sous l'influence de quelques hommes de génie et de cœur, la
restauration de l'agriculture dans notre pays. Le travail des
champs est toujours le travail par excellence : c'est à lui surtout
que l'on doit à la fois et les réserves d'hommes et l'accumulation
d'épargnes qui font, sans bruit, l'élément le plus sérieux de notre
prospérité. Mais tandis qu'autrefois ces épargnes alimentaient une
industrie médiocre, comme il convenait à un temps où, en général,
le nécessaire et le superflu conservaient leurs vrais rapports, où
ces rapports n'étaient pas encore faussés par la vanité et l'envie de
paraître qui rendent insatiable le besoin de l'argent, nous sommes
aujourd'hui, par suite aussi de circonstances que tout le monde
connaît et que nous dirons cependant tout à l'heure, placés dans
de tout autres conditions. Certes la vanité, l'envie de paraître et
surtout la tentation de nous élever au-dessus des autres, sont des
effets trop naturels de l'égoïsme pour ne s'être pas manifestés
dans tous les temps. Mais il y a des degrés, et l'on ne se tromperait
pas en s'imaginant que ce goût pour le luxe ou le clinquant était
jadis moins répandu.

C'était aussi davantage la règle autrefois, que les enfants
fussent élevés dans les principes les plus propres à leur donner
une notion exacte des choses. Aussi bien, l'homme n'apparaît-il
pas sur cette terre comme un météore. Il naît dans une famille,
et il devient peu à peu ce que l'éducation le fait ; il profite des
leçons qu'il reçoit, des exemples qu'on lui donne, et l'on peut

aisément concevoir dans quelle mesure l'habitude du travail et de l'épargne, contractée dès les premières années, contribue au développement progressif de l'aisance, du bien-être, et, à travers les générations, à cette ascension des familles vers une condition supérieure. Si, avec cela, vous avez des charges modérées et, bien qu'elle soit encore discutée, cette égalité, dont nous avons déjà parlé, des enfants devant la succession paternelle, ne semble-t-il pas que, sans secousse et sans crainte de révolution, chacun refaisant, avec des éléments chaque fois un peu augmentés, la même chose que ses devanciers, travaillant et épargnant, on arriverait à une prospérité générale, dont les paresseux seuls seraient exclus ?

Mais, dans une société égoïste, ce progrès régulier n'est possible que si rien ne vient troubler les rapports des individus. Je ne parle pas des guerres, qui remettent tout en question. Même pendant les périodes de paix, il est bon que les modes de culture et de fabrication gardent une certaine stabilité, et que des inventions, des perfectionnements ne viennent pas à tout moment jeter une brusque perturbation dans les habitudes des producteurs et des consommateurs. Ce fut l'excuse toutes les entraves apportées autrefois à la liberté et qui, sans parler des privilèges et de l'extension toujours plus grande des biens de main-morte, ont rendu, à beaucoup d'égards, l'ancien régime peu regrettable. Le dernier siècle, je veux dire le xixe, a vu se développer, au contraire, toutes les libertés en matière de production, et les sciences ont, en même temps, donné à l'emploi des machines un essor absolument imprévu. Les conditions de travail en ont été bouleversées de telle sorte qu'il ne faut pas s'étonner du désarroi dans lequel nous sommes et du malaise qui en résulte.

Les rapports, il est vrai, du capital et du travail n'ont pas changé et ne pouvaient pas changer. Comme nous avons essayé de le montrer, ils sont rigoureusement soumis à la loi de l'offre et de la demande, et cette loi, tant que la société vivra d'un échange de services, payables en argent, sera impossible à remplacer. Mais le capital trouvant mille occasions nouvelles de s'employer, a pris une importance de jour en jour croissante, et les conditions dans lesquelles le travail se fait sont, en général, toutes différentes de ce qu'elles étaient autrefois.

Il est facile de concevoir, dans l'ensemble plus que dans l'infini détail de ses effets, l'impulsion donnée à l'industrie par l'application de la vapeur aux machines déjà inventées, et l'invention d'innombrables machines destinées à l'utiliser sous des formes nouvelles. Le temps est venu dont un très ancien et célèbre philosophe parlait comme d'une ère impossible à espérer, « où la navette peut d'elle-même tisser la toile. » Encore semblons-nous être seulement au début de cette transformation, et déjà l'ouvrier n'est plus, dans beaucoup de cas, que le simple surveillant d'un mécanisme qui paraît agir de lui-même. Une machine quelconque n'attend plus que d'être portée à la perfection dans son genre, pourrait-on dire, pour céder la place à une autre toute différente et bien plus apte à produire, ou mieux ou plus rapidement, le même travail.

Cette étonnante puissance de production a eu d'abord pour résultat d'exciter à la fabrication, à la multiplication sans fin de produits qui trouvent, par leur bon marché relatif, des acheteurs et font naître des besoins de la facilité même avec laquelle on peut les satisfaire. Une foule d'avantages ou de commodités, dont on se passait jadis d'autant mieux qu'on n'en avait pas même l'idée, sont ainsi présentés à une clientèle de plus en plus nombreuse qui en profite soit pour son plaisir, soit pour ses affaires, et devient bientôt incapable de s'en priver. Les moyens de transport, par exemple, créent, à proprement parler, la multitude des voyageurs qui les emploient, et ceux-ci, à leur tour, par l'usage qu'ils en font, en rendent de nouveaux développements toujours nécessaires. De là, toutes ces entreprises si diverses qui sollicitent, par la publicité, par toutes sortes de réclames, le consommateur, flattent et préviennent ses désirs, en suscitent continuellement de nouveaux en lui, et, par la promesse d'un facile accroissement de bien-être, le poussent de plus en plus, sous prétexte d'économie, à la dépense. La vie, par là, est toute changée, et la jouissance, et, pour se l'assurer, le gain, en deviennent insensiblement le principal objet pour tout le monde.

L'épargne, souvent inutilisable autrefois pour une bonne partie, et gardée alors, comme on dit, dans le bas de laine, sort de ses cachettes, attirée par l'espoir de beaux bénéfices, et, s'accumulant dans des banques dont les ramifications vont la chercher jusque dans les plus petites villes, constitue les énormes capitaux sans lesquels serait impossible, pour toutes ces entreprises, la formation de ces Sociétés anonymes, qui sont, dans les grandes affaires, les vrais patrons d'aujourd'hui.

Le succès de ces affaires suppose des prodiges d'intelligence dans l'organisation du travail, de prudence, de prévoyance, de fermeté dans la gestion des intérêts, tout à l'honneur de l'esprit humain. Il faut oser et cependant ne rien laisser au hasard, soutenir les assauts de la concurrence la plus acharnée, se tenir prêt à toutes les transformations de matériel que les progrès des sciences peuvent rendre nécessaires d'un moment à l'autre, répondre à toutes les exigences des clients, aux variations du goût et de la mode, et assurer cependant l'amortissement du capital qui ne fait que se prêter et entend bien, comme nous l'avons vu déjà, se retrouver tout entier au bout de l'opération. Faut-il s'étonner, en songeant aux complexités d'une tâche pareille, si beaucoup d'entreprises périclitent ou aboutissent à de véritables désastres ? Et si les ouvriers, disons-le encore, comprenaient mieux à quelles exigences sont soumis ceux qui les paient, ils seraient bien souvent moins disposés à écouter certaines excitations.

Mais n'ont-ils pas eux-mêmes à se plaindre de l'emploi toujours plus envahissant des machines ? On sait avec quelle hostilité en apparence bien naturelle, il en ont accueilli l'apparition dans l'industrie. Cette concurrence faite à leurs bras par les bras de bois ou d'acier semblait menacer de les réduire à l'oisiveté et à l'indigence. En fait, par le développement de l'industrie, cette crainte ne s'est pas réalisée. Les difficultés d'adaptation au nouveau régime n'ont pas laissé de causer des troubles et de produire, çà et là, un accroissement momentané de misères. Mais la forme du travail humain, en définitive, a changé sans que la quantité en fût pour cela diminuée ; elle s'est accrue au contraire.

On ne peut pas dire cependant que cette révolution ait eu, sur tous les points, de bons résultats. La distribution des travailleurs dans les ateliers s'est modifiée comme la forme même du travail. La machine à vapeur a forcé de grouper autour d'elle les organes auxquels elle donne le mouvement, et il n'est pas rare de voir un grand nombre d'ouvriers réunis dans une seule usine, comme on en voit une foule attachée à l'exploitation d'une mine, depuis que

les puissants moyens fournis par les sciences ont permis de rendre
cette exploitation intensive. Si ces agglomérations, souvent nécessaires, ont permis, dans **tous** les cas, de diminuer les frais généraux, elles présentent, par rapport à la dispersion du travail qui
peut se faire à domicile, plus d'un inconvénient. Il se rencontre
encore trop souvent que les conditions d'hygiène physique et
morale ne sont pas ce qu'elles devraient être, et, d'autre part,
du fait seul qu'ils se trouvent réunis, les travailleurs prennent
facilement des idées et des sentiments communs fort éloignés de
ce qu'ils penseraient ou sentiraient par eux-mêmes. Ils deviennent
ainsi, comme il arrive d'ailleurs à tous les hommes qui font partie
d'un groupe ou d'une assemblée, plus accessibles à des influences
venues quelquefois on ne sait d'où, et qu'ils s'étonnent ensuite,
quand il est trop tard, d'avoir subies. L'emploi de l'électricité, en
distribuant la force et en la disséminant à volonté, apportera,
sans doute, quelque remède à cet état de choses. On a déjà des
symptômes de cet heureux changement.

Mais nous raisonnons comme si toutes les entreprises agricoles
ou industrielles, de la plus petite à la plus grande, n'avaient pour
objet que de produire et d'écouler le plus facilement possible leurs
produits, et en toute honnêteté. Le marché, ainsi compris, serait
déjà un champ de luttes assez vives, et il faudrait, pour s'y maintenir, beaucoup d'activité, de sagesse, et, dans chaque maison, une
entente parfaite de tous ceux qui collaborent à la production. Les
choses, en réalité, sont bien plus compliquées. Par dessus les producteurs, la spéculation, le jeu intervient qui calcule les chances
de succès de telle ou telle entreprise, en achète ou en vend à terme
les produits, en fait monter ou en déprécie les prix et met tout en
œuvre, sans rien produire, pour s'assurer des bénéfices par de
simples différences. Les combinaisons de ce jeu sont infinies et ses
résultats sont tels que les producteurs eux-mêmes sont souvent
forcés d'y prendre part. De là ces *trusts* ou syndicats qui s'ingénient à accaparer, qu'il s'agisse de produits agricoles ou de produits manufacturés, tout un genre de ces produits pour en gouverner le marché à leur fantaisie et imposer les prix qu'il leur plaît.
Plus ordinairement, la spéculation a de moindres visées, moins
choquantes, moins susceptibles de provoquer une réprobation universelle. Elle peut même rendre des services par l'élasticité qu'elle

donne aux transactiòns. Mais c'est toujours l'argent créant, en quelque sorte, de l'argent, par lui-même, et sans autre travail que celui des combinaisons faites pour arriver à cette fin. Or, si l'on songe à la multitude des petits capitalistes qui sont aujourd'hui entraînés à jouer, et aux ressources des banques qui mènent le jeu, alternativement à la baisse et à la hausse, et ne laissant à la contre-partie que la part de gain nécessaire pour ne pas la décourager, il est impossible de ne pas être frappé des conséquences où aboutit, aussi bien d'un côté que de l'autre, du côté de ceux qui perdent et du côté de ceux qui gagnent, le régime égoïste tel qu'il est constitué dans la société actuelle. On dirait qu'il fait de toutes les épargnes comme un grand courant où qui veut pêcher pêche, mais où la plus grosse part revient naturellement aux plus habiles, à ceux qui sont surtout le mieux outillés, et au détriment du plus grand nombre.

On pourrait, dira-t-on, faire des lois contre ces excès du capital, interdire ces spéculations, qui ne sont trop souvent que des vio-lences exercées par des capitaux plus considérables sur des capi-taux plus faibles. — Ce sont, du moins, répondrait-on, des violences acceptées, recherchées même par ceux qui les subissent, puisqu'ils consentent à spéculer, et ils ont un moyen bien simple de s'y soustraire. La loi ne doit ici, comme dans d'autres cas, protéger que les mineurs, ceux qui sont incapables de se protéger eux-mêmes. Et puis, avec un peu de réflexion, il est facile de com-prendre qu'une loi destinée à réprimer la spéculation serait toujours facile à tourner, et que la ruse de ceux-mêmes qu'elle serait destinée à défendre la rendrait bientôt inefficace. Enfin, il est toujours délicat, sinon imprudent et nuisible, de limiter la liberté des transactions. La fraude seule, quand elle peut être prouvée, est passible de peines pour lesquelles il n'est pas néces-saire de faire de nouvelles lois. Il y en a aussi contre les accapare-ments, et l'on sait de reste combien il est difficile de les appliquer. Tout ce que l'Etat peut donc faire, semble-t-il, c'est de frapper d'impôts, encore ne faut-il pas qu'ils soient excessifs et ressemblent à une confiscation, certaines transactions et, d'une manière géné-rale, toute mutation ou transmission de capitaux, soit par voie d'échange, soit par voie d'héritage. C'est à ces passages qu'il pré-lève avec le plus de sûreté et légitimement, dans l'intérêt commun, sa part des biens individuels.

La principale raison, d'ailleurs, qui empêche l'Etat d'intervenir
en pareille matière autant que le souhaiteraient certains esprits,
c'est qu'il ne peut pas avoir d'autre doctrine que l'ensemble des
citoyens. Or, comme nous l'avons, je crois, amplement montré,
celle-ci est la doctrine égoïste, que l'on résume très bien en ces
mots : « Chacun pour soi ». Les belles formules mêmes : « Ne fais
pas à autrui ce que tu ne voudrais pas qu'on te fît », et « Fais à
autrui ce que tu voudrais qu'on te fît », ne servent, en somme, qu'à
résumer notre doctrine du droit et s'entendent très bien de ce
respect de l'équilibre des égoïsmes qui est identique à la justice.
Elles supposent la possibilité d'un échange de services, et prescrivent d'échanger des services égaux. Dans le cas d'une inégalité
trop réelle des conditions, elles prescrivent à celui qui se trouve
dans la condition la plus misérable de ne rien faire qui puisse
nuire à celui qui se trouve dans la plus enviable, attendu que,
s'il y était lui-même, il ne voudrait certainement pas qu'on lui fît
tort en quoi que ce fût ; et à celui qui jouit de tous les avantages
qu'on peut imaginer, elles ne commandent rien de plus qu'une
générosité purement facultative et dédaigneuse à l'égard des mal-
heureux, attendu que, dans son inexpérience de la pauvreté, il est
trop fier peut-être pour se persuader qu'il s'abaisserait jamais à
vouloir du secours de personne.

Au point de vue des rapports du patron et de l'ouvrier, ces
maximes n'ont pas d'autre portée que celle des principes généraux
de la justice, et elles reviennent, comme nous l'avons dit, à recom-
mander le respect de l'équilibre des égoïsmes, quelles que soient
du reste les prétentions respectives des parties. Or, il est clair
que celui qui possède davantage a plus à défendre, et comme
rien ne fait voir pourquoi un autre, plutôt que lui, posséderait
à sa place la même somme de biens, et qu'il vaut autant que ce
soit lui qu'un autre, étant donné que les conditions humaines ne
peuvent, pour une foule de raisons, être et surtout rester les mêmes,
la justice protège autant la plus grande propriété que la plus petite,
celle-ci fût-elle restreinte à la seule possession des forces physiques ou à moins encore. L'Etat est donc réduit, et c'est son rôle
essentiel, à prévenir, autant que possible, les conflits, les atteintes
à la propriété individuelle. Aux exagérations de celle-ci, ou bien à
ce qu'on l'appelle de ce nom, il ne peut apporter que les limitations

résultant du prélèvement des impôts, tels que les représentans des citoyens les ont établis.

Toutes les manifestations de l'initiative individuelle sont donc permises pour tout ce qui concerne la production et les transactions qui s'y rapportent, dans les limites cependant au delà desquelles elles pourraient troubler l'ordre public ou compromettre la sécurité générale. C'est à chacun qu'il appartient de défendre ses intérêts, et la loi, quand il l'invoque contre la fraude, ne lui fait pas défaut. De même, les ouvriers ont le droit de se coaliser, de former des syndicats pour empêcher l'avilissement des salaires et de se mettre en grève pour tâcher d'en obtenir le relèvement. Mais ils n'ont pas le droit de s'imposer les uns aux autres l'obligation de faire partie de ces syndicats ou de consentir à la grève, et encore moins celui de causer des dégâts dans la propriété des patrons dont ils sont mécontents, ou d'en détériorer l'outillage. C'est dans leur propre intérêt et pour faciliter la reprise du travail que l'Etat, sans prendre parti contre eux, fait, au besoin, protéger ces propriétés par la force. S'il paraît alors défendre le capital, c'est ou ce doit être sans acception de personne, et uniquement parce que, dans notre société telle qu'elle est organisée, le capital est la condition de toute activité et que, sans lui, la main-d'œuvre resterait sans emploi, sans rémunération ; de telle sorte que tout ce qu'il fait en faveur de celui-là, doit, en définitive profiter à celle-ci.

Il y a encore une sorte de chômage dont l'Etat ne peut pas se désintéresser et à laquelle il se trouve contraint de porter remède au moins indirectement. Elle résulte des progrès mêmes de l'industrie, du perfectionnement des machines, de la facilité chaque jour croissante avec laquelle ses produits se multiplient. Il vient un moment où la production dépasse les besoins, où il y a *surproduction*, et l'on assiste à ce spectacle paradoxal de patrons ruinés par l'entassement même de leurs marchandises, et d'ouvriers privés de leurs salaires à côté de ces richesses, et par le fait même d'avoir collaboré à les créer. Quelle que soit, en effet, l'étendue de la clientèle dans les limites d'un pays, elle ne peut pas toujours absorber ce qu'on a préparé pour elle, et comme, entre les pays industriels, la concurrence déjà est poussée à l'extrême, ils sont bien loin de s'offrir les uns aux autres des débouchés. Ils se disputent alors les pays neufs, ceux dans lesquels l'industrie est encore peu développée, ceux surtout où elle est nulle et qui ne promettent que des consommateurs ou des matières premières, sans concurrents à redouter. Ils fondent à l'envi des empires coloniaux et entreprennent ces guerres lointaines dont nous avons continuellement l'écho, et par lesquelles, pour l'écoulement de leurs marchandises ou la conquête de territoires à mettre en valeur, les peuples civilisés subjuguent et souvent détruisent des peuples barbares ou prétendus tels.

Mais ce n'est là qu'un dérivatif pour ainsi dire momentané. On peut prévoir le temps où toute la terre habitable sera occupée, où le problème se posera de nouveau de savoir comment, si nous n'avons pas changé de régime, l'intensité de la production croissant toujours, on assurera des débouchés à ces produits. Or tout porte à croire que, dans le siècle même où nous entrons, les progrès des sciences et, par suite, ceux de l'industrie, ne feront que se précipiter. Et, d'autre part encore, à considérer le cours général des choses et sa direction, comment ne pas s'inquiéter de l'avenir? Avec la liberté et l'initiative individuelles, aussi bien dans l'ordre des recherches scientifiques que dans celui des entreprises agricoles, industrielles, commerciales et financières, ne faut-il pas s'attendre à voir la puissance de production, et, en même temps, l'accumulation des capitaux dans les mêmes mains, prendre des proportions qui dépassent toute imagination, tandis que la main-d'œuvre, par l'accroissement des moyens mécaniques, se réduira au minimum? Alors le mal qu'il est déjà possible d'entrevoir, la sujétion de tous par rapport à quelques-uns, sera porté à son comble.

Nous sommes loin, sans doute, de cette échéance. Il en est un peu ici comme, dans un autre ordre d'idées, de l'épuisement des mines et de la disparition de la houille. On aurait tort de s'alarmer, dira-t-on ; les ressources de la nature et celles du génie humain sont infinies ; avant que des désastres, dont la crainte est aujourd'hui prématurée, menacent d'éclater, on aura trouvé le moyen de les conjurer. Il serait plus sage cependant, si nous en avions le pouvoir, de les prévenir dès aujourd'hui. Les malaises dont nous souffrons déjà sont un avertissement qu'il ne faut pas négliger, et si nous parvenions à nous mettre dans l'esprit que nous ne sommes pas dans la bonne voie, que la lutte pour la vie, dont la concurrence, en apparence pacifique, souvent meurtrière, et les guerres, proprement dites sont les formes principales, n'est pas nécessairement la condition de l'homme, peut-être, en cherchant bien, trouverions-nous des raisons et aussi la force de remplacer cette lutte par une alliance qui marquerait vraiment l'inauguration d'une ère nouvelle. Reste à savoir qui aura jamais assez de pénétration pour découvrir le chemin à suivre, qui aurait surtout la voix de Stentor qu'il faudrait pour lancer, avec quelque chance de se faire obéir, cet ordre si simple : « Reposez vos armes! ».

Cette heureuse transformation, c'est bien, en réalité, ce que rêvent les diverses écoles socialistes. Mais il semble qu'elles n'ont qu'une idée vague du but à atteindre et une notion peu précise des moyens à employer, puisqu'elles se divisent dès qu'il s'agit de définir la société future et se combattent sur la méthode à suivre pour en hâter l'avènement. Elles ne s'accordent que sur un point, la nécessité de détruire ce qu'elles appellent le régime capitaliste. C'est assez pour que leurs doctrines apparaissent aux esprits timorés comme des doctrines de haine et de tyrannie. Mauvaise manière, il faut en convenir, de préparer l'alliance pour la vie ! Elles ne réussissent, en effet, le plus souvent, qu'à exciter la défiance, d'un côté, et, de l'autre, à produire des troubles et des désordres que le capital réprime, avec toutes les apparences d'être en état de légitime défense. Et à supposer d'ailleurs qu'une émeute d'ouvriers prît un jour les proportions d'une révolution et réussît, leur succès, nous l'avons fait voir, ne serait que passager, et, en définitive, plutôt que d'y gagner, ils y perdraient.

Aussi bien n'est-ce pas l'emploi de la force que préconisent aujourd'hui les chefs les plus écoutés du socialisme. Ils pensent que, par des mesures législatives, on arriverait plus sûrement à établir un ordre de choses nouveau, et ils comptent, pour y parvenir, sur l'accroissement progressif du nombre des représentants de leurs doctrines dans les assemblées issues du suffrage universel ou restreint. Mais l'expérience a déjà montré à combien de difficultés, avec les meilleures intentions, on se heurte toutes les fois qu'on essaie de régler des conflits d'intérêts et de défendre, par exemple, les intérêts des ouvriers contre ceux des patrons. Ce n'est pas, sans doute, une raison, pour ne rien tenter. Encore faut-il éviter d'augmenter le mal auquel on voudrait porter remède. La situation de l'industrie, dans notre pays, n'est pas déjà si prospère qu'il soit bien prudent de gêner en quoi que ce soit la liberté de ceux qui la créent ou qui la dirigent, de leur imposer de nouvelles charges, d'intervenir dans leurs marchés, et particulièrement dans ceux où s'établit le prix de la main-d'œuvre. Tout ce qui peut entraver, à quelque degré que ce soit, l'activité des affaires et la liberté des transactions, entraîne aussitôt, ou des chômages ou un avilissement des salaires, dont les ouvriers sont les premiers à souffrir. C'est au point que la meilleure manière, en réalité, de défendre leurs intérêts, ce serait de paraître ne pas y songer, de favoriser, au contraire, de toutes manières, le développement du capital et de toutes ses énergies, de donner à l'industrie, par le respect absolu de l'initiative individuelle, la plus grande impulsion : le résultat serait, de toute nécessité, l'abondance du travail qui assurerait, par le seul jeu de la loi de l'offre et de la demande, le relèvement des salaires. C'est donc indirectement et par un détour que l'on peut améliorer, dans l'état actuel des choses, la condition de l'ouvrier.

Mais il faudrait pouvoir, en même temps, et ce serait plus difficile, prévenir les excès du capital, retenir dans certaines limites l'amour du gain, la poursuite de l'argent pour l'argent, pour le plaisir de l'amasser, ou par amour-propre, pour la satisfaction de vaincre. Toute action extérieure est ici impuissante, ou elle n'a jamais que des effets bornés. Ni les mesures législatives, ni surtout l'emploi de la force ne produiront dans l'ordre social un changement durable et qui mérite vraiment le nom de progrès. Fondé, en effet, sur la justice, cet ordre suppose et il assure la libre expansion de l'égoïsme, la plus entière sécurité dans la possession des biens acquis, sans acception de personnes, quelle que soit la différence qui résulte des aptitudes ou des circonstances dont la richesse déjà formée n'est pas la moins avantageuse. Il n'impose à l'individu que la prescription, toute négative de ne pas nuire à la libre activité d'autrui. Mais il n'implique aucune obligation de faire, à proprement parler, le bien, c'est-à-dire de se dévouer, et, en fait, le sacrifice ne se commande à aucun degré. C'est à des sacrifices cependant, sous une forme ou sous une autre, que nos réformateurs voudraient contraindre ceux qui détiennent le capital. Accepteraient-ils donc eux-mêmes de se laisser dépouiller ? C'est assez qu'une prétention quelconque se forme contre le droit, pour qu'on refuse de se soumettre, alors que de son plein gré, on serait disposé à accorder dix fois plus.

N'y a-t-il donc rien à faire ? Faut-il laisser les choses suivre leur cours avec la menace d'aboutir un jour aux extrémités que nous avons entrevues et qui doivent fatalement, semble-t-il, résulter tôt ou tard du libre développement des rapports humains — sans même qu'on puisse dire que l'équilibre des égoïsmes, ou la stricte justice, ait réellement à en souffrir ? Ne faut-il pas convenir que nous sommes arrivés au moment où de nouveaux principes de conduite sont nécessaires ? Et d'où pouvons-nous les recevoir alors que toute action extérieure est ici impuissante, si ce n'est d'une étude plus attentive de notre propre nature qui nous en donne enfin une connaissance exacte. La prétendue connaissance que nous en avions jusqu'alors nous a rendu tous les services qu'elle pouvait nous rendre ; mais l'organisation sociale dont elle est le fondement, laisse trop à désirer pour n'en pas dénoncer l'insuffisance. Il est temps de la réviser.

IX

LE MOT DE L'ÉNIGME

Le vrai progrès, le progrès décisif, s'il doit jamais venir, viendra du dedans. Il datera du jour où nous reconnaîtrons que nous nous étions trompés, et que nous ne sommes pas, en réalité, ce que nous avions cru.

Jusqu'à présent nous avons été convaincus que nous étions des personnes ou des substances, comme nous l'avons expliqué au début de cette étude. Ce qui en a résulté, nous l'avons vu. L'égoïsme a trouvé dans cette conviction son principe. Avec le temps, il est vrai, il s'est discipliné chez la plupart des hommes, par nécessité et par raison. De là, une sorte de pacte, exprès ou tacite, en vertu duquel nous obtenons le respect de nos droits, dans la mesure où nous respectons ceux de nos semblables. Ainsi, s'est fondée la justice, qui n'est pas autre chose, en réalité, que l'observation de cet équilibre des égoïsmes. Ce que la société doit à la justice, et aussi ce que le régime égoïste n'a pas pu lui procurer, nous avons essayé de l'établir.

Si maintenant une recherche plus approfondie nous révélait que nous ne sommes pas des substances, et que, par suite, l'égoïsme repose sur un fondement ruineux, il en résulterait pour notre attitude envers nous-mêmes, comme pour nos rapports envers nos semblables, d'importantes conséquences, et l'on serait amené à penser que l'ordre social pourrait, à la longue, être profondément modifié par ces nouvelles croyances.

Or, dans le monde entier de l'expérience, l'analyse la plus minutieuse, qu'elle soit l'œuvre de savants ou de philosophes, ne découvre aucune substance, aucun être qui ait une existence propre, qui soit indépendant de toute condition, qui ne soit pas, suivant une expression assez claire, fonction d'autre chose. Bien plus, ces mots être et chose, à les prendre à la rigueur, ne répondent à rien. Partout, nous ne trouvons que des *faits* liés les uns aux autres, et tous essentiellement passagers. Ce monde est un monde de changements, et nous-même, si nous pouvons encore dire nous, nous ne sommes qu'une succession d'états fugitifs. Il n'y a nulle part aucune réalité une, simple et identique.

Sans nous inquiéter ici des changements que les savants étudient, voyons quels sont les faits auxquels se ramène, en dernière analyse, notre prétendue substance. Ce sont les idées et les sentiments. Si l'on réfléchit qu'il n'existe rien pour nous en dehors de ce que nous connaissons, on aperçoit aussitôt l'importance du rôle que jouent, dans ce monde exclusivement composé de faits ou de phénomènes, ces phénomènes spéciaux qu'on appelle les idées. Toute l'essence des idées est de représenter et d'affirmer, explicitement ou implicitement, ce qu'elles représentent, d'être à la fois représentation et constatation de leur qualité d'être représentatives. Elles sont comme des miroirs, qui, en réfléchissant des images, sauraient qu'ils les réfléchissent et les verraient eux-mêmes. Nous n'avons pas besoin d'insister sur l'originalité de cette sorte de faits. Que représentent ces idées ? Des sentiments, plaisirs ou douleurs ; des sensations, c'est-à-dire toute la diversité des qualités dites physiques ; enfin, d'autres idées.

Mais les idées, si elles représentaient exactement leurs objets, devraient, puisque le monde tout entier de l'expérience est formé de changements, ne représenter que des changements, et il serait impossible d'expliquer comment se serait produite l'idée de substance à laquelle, ni en lui ni en nous, rien absolument ne répond. Or, nous savons combien cette notion nous est familière ; nous avons vu quelle influence elle a exercée, jusqu'à présent sur notre manière d'être et sur le développement de la société : c'est elle qui a fourni à l'égoïsme son fondement théorique. Mais sans elle on peut même dire que nous ne serions pas ; nous nous serions, en quelque sorte, évanouis dès l'origine dans l'infinie multiplicité des faits qui nous composent. C'est grâce à elle, que nos états sont devenus nôtres en se rattachant à cette réalité conçue comme une et identique à travers leur succession, grâce à elle que les idées ont fait primitivement, et d'elles-mêmes, la distinction du dedans et du dehors, rapportant à nous, qui existions dès lors en apparence, les sentiments, et ne rapportant pas à nous, au contraire, les sensations.

Faut-il dire comment, malgré leurs analyses, les savants eux-mêmes, après avoir poursuivi de position en position la substance que le vulgaire croit voir partout, pour peu qu'elles forment des groupes en apparence stables, sous les qualités qui se confondent avec les sensations dont nous avons parlé, en sont venus, pour les besoins de leurs théories, à lui laisser un refuge dans leurs atomes ou leurs molécules hypothétiques ? C'est bien encore la preuve de la nécessité avec laquelle cette idée, s'impose. D'où vient-elle donc et quelle en est la valeur ?

Il n'y a, en vérité, qu'une explication possible : c'est en vertu d'une loi suprême de la pensée, d'une nécessité inhérente à l'idée, au fait de connaître, que nous nous apparaissons à nous-même et que les choses nous apparaissent comme des substances, et cette loi implique, par surcroît, que les successions de nos idées et de nos sentiments, et, d'autre part, les groupes de nos sensations, sont organisés de telle sorte qu'ils répondent, avec une rigueur parfaite, à la disposition que nous avons ainsi à les prendre pour des substances spirituelles ou matérielles ou des attributs de ces substances. Mais si les choses donc se passent comme s'il y avait de telles substances, il n'y en a cependant pour nous qu'en apparence, et nous sommes, en y croyant, dupes d'une illusion.

C'est une illusion, toutefois, dont il est, nous devons le reconnaître, impossible de nous défaire, comme de toutes les illusions naturelles. Nous venons de voir que sans elle nous ne serions pas ; le monde, tel qu'il nous apparaît, ne serait pas davantage. Mais, tandis qu'il nous importe peu, si ce n'est au point de vue du vrai, de dissiper cette illusion quand il s'agit du monde extérieur, bien assurés que les faits d'expérience sensible, ou nos sensations, se comporteront toujours comme il faut pour que nous n'ayons pas à souffrir du caractère purement illusoire des prétendues substances matérielles, il est d'un grand intérêt pour nous de savoir que notre individualité empirique n'a pas de réalité : c'est, en effet, la condition maîtresse de notre perfectionnement moral.

De cela seul, en effet, que nous pouvons parvenir à la conscience de cette loi suprême de la pensée et à dépasser ainsi les apparences pour atteindre à une connaissance exacte de nous-même, nous devenons supérieur à ce monde de phénomènes dont nous faisons originellement partie, nous le jugeons, et nous nous élevons au discernement de notre destinée. Nous nous apercevons alors clairement que le bien véritable n'est pas de poursuivre ce qui peut servir nos intérêts individuels, mais de faire tout ce qui dépend de nous pour combattre le mal sous toutes ses formes, chez nos semblables avec leur consentement, comme en nous, de nous conduire enfin comme si nous aimions les autres autant que nous.

L'observation de la justice, qui seule est exigible, et qui est encore si éloignée d'être aussi générale et aussi constante qu'il le faudrait, ne se confond plus, à nos yeux, avec le bien moral. Elle n'est que l'abstention de mal faire, de nuire à autrui, et rien assurément ne serait plus inconsidéré et plus funeste que d'en déprécier la valeur. Mais elle tient le milieu entre le mal moral, qui consiste à porter atteinte aux droits de nos semblables et à leur causer un préjudice, et le bien moral, qui suppose tout autre chose que cette neutralité, ce respect des droits, quelque maîtrise de soi que la neutralité ou le respect, dans beaucoup de cas, exigent comme leur condition. Le bien est essentiellement le don de soi, le sacrifice. Ce qui en fait le prix, ce qui donne au dévouement, qu'on s'en rende compte ou non, le caractère auquel nous sommes tous enclins à rendre hommage, c'est qu'il implique, avec la plus vive répulsion pour le mal, la condamnation de l'égoïsme : il est, en effet, la plus éclatante affirmation de la vanité de tout ce qui est en nous individuel.

Pour que le bien moral ainsi entendu devienne possible, il n'est pas nécessaire que l'homme change de nature ; il suffit qu'il prenne de sa nature une connaissance exacte. Or, ce n'est pas une nouveauté de dire que cette nature est double. Nous avons tous plus ou moins nettement conscience de cette dualité. Elle se manifeste surtout dans les conflits entre l'intérêt ou la passion, pour employer les expressions ordinaires, et le devoir. Mais elle ne devient vraiment claire pour nous que lorsque nous sommes parvenus à distinguer les lois physiques, d'une part, et, de l'autre, les lois logiques et morales. Nous restons soumis aux premières en tant que nous sommes un ensemble de faits liés entre eux par des rapports qui dérivent, d'une manière ou d'une autre, de la loi suprême de la pensée, et dont le résultat est de nous faire nous apparaître à nous-même comme une substance. Les autres suivent, pour nous de la conscience même de cette loi suprême, et par elles enfin nous pouvons pénétrer les apparences auxquelles nous étions primitivement asservis. C'est donc grâce à elles aussi que nous comprenons la vanité de l'égoïsme.

Le grand, le divin précepte de nous aimer les uns les autres, prend dès lors tout son sens. Nous ne sommes que des apparences de substances ou de personnes, dont toute l'étoffe, pour ainsi dire, est faite de changements. Mais ces changements pris en eux-mêmes, sont réels et, parmi eux, ceux qui se manifestent par le plaisir ou la douleur ont, en particulier, une existence dont il n'est pas possible de douter. Si nous sommes ainsi faits, comme nous l'avons vu, que nous ressentions immédiatement les plaisirs et les peines que nos idées rapportent, en même temps qu'elles en créent l'apparence, à notre individualité, nous devons, dès que nous avons pénétré cette illusion, ne plus faire de différence entre nos senti-ments et ceux que nous découvrons chez nos semblables ; nous devons ressentir comme en nous-même le mal et le bien qui peut leur arriver. Nous ne nous contenterons donc pas de ne faire aucun mal aux autres ; nous nous efforcerons de soulager leurs misères comme si elles nous atteignaient nous-même, et nous serons heu-reux de leurs plaisirs comme des nôtres. Cet amour, fondé sur la connaissance de notre nature, n'a rien sans doute, d'un sentiment instinctif ; il fait abstraction des individus de leurs caractères particuliers ; mais il n'en a pas moins d'efficacité pour répandre autour de lui le bonheur.

Il trouve sa principale inspiration dans la certitude que notre vrai moi, celui de nos semblables comme le nôtre, est au-dessus de ce monde des phénomènes. La loi suprême de la pensée nous fait concevoir, en effet, la seule réalité digne de ce nom, la seule qui réponde de tous points à ses exigences, l'Être parfait. Nous ne pouvons pas comprendre que cet Être soit la cause des change-ments, qu'il puisse en expliquer l'existence, ni intervenir dans leur succession indéfinie. La Perfection a du moins avec l'ensemble des faits d'expérience qui nous constituent nous-même la même relation, par métaphore, que le phare avec le vaisseau dont ses feux servent à diriger la marche. Elle est la source de toute vérité et de tout bien, et notre devoir est de nous rapprocher d'elle le plus possible. Nous y réussirons en nous attachant au vrai, et en nous tenant prêt à faire, de la seule manière qui s'accorde avec nos nouvelles croyances, c'est-à-dire par notre dévouement à nos semblables, le sacrifice de notre individualité et de nos sentiments égoïstes.

Ainsi entendue, la religion ne risquerait plus de paraître offrir, comme il arrive trop souvent, un appât d'intérêt, et l'on comprendrait aussi d'une manière plus élevée l'immortalité, si l'on se pénétrait de l'idée que la vie éternelle peut être vécue dès la vie présente.

X

LE RÊVE

Nous sommes encore bien loin du temps où cette doctrine, dont il a suffi d'indiquer ici les traits essentiels, la seule qui donne au socialisme bien entendu un fondement rationnel, qui détermine le but qu'il doit se proposer et montre la voie à suivre pour y parvenir, se sera répandue, comme il faut l'espérer, par toute la terre. Mais nous pouvons, en attendant, faire le rêve que l'harmonie morale des bontés a remplacé l'équilibre mathématique et, en quelque sorte, mécanique des égoïsmes, et essayer d'entrevoir les résultats de cette révolution, la plus grande que la philosophie puisse jamais produire.

Aucun des avantages que l'égoïsme nous a déjà procurés ne sera perdu ; mais ils seront mis comme il le faut, à la portée de tous, et tous en prendront leur part. L'humanité ne fera plus qu'une famille, disposant au profit de ses membres de l'immense domaine que les sciences l'ont de mieux en mieux instruite à exploiter. Dès que nous ne sommes plus égoïstes, nous considérons le bien des autres avec autant de sollicitude que notre propre bien, nous formons avec eux une société, dans laquelle chacun place l'intérêt d'autrui sur la même ligne que le sien, et par autrui nous entendons ici, non seulement ceux que nous connaissons, mais tous les hommes. Assurés d'avoir en eux des amis, de même que nous sommes des amis pour eux, nous n'avons plus à nous garder contre des attaques de leur part, nous n'éprouvons pas à leur égard la moindre méfiance. Ce sont des collaborateurs aussi dévoués au bien commun que nous le sommes nous-mêmes, et sur lesquels nous pouvons absolument compter comme ils comptent sur nous. Tous, nous n'avons qu'une préoccupation : faire tout ce qui dépend de nous pour accroître, dans tous les sens, le bien de tous et de chacun. Or, ce bien se compose du perfectionnement moral et du bien-être. Le perfectionnement moral est déjà en partie réalisé, car il consiste avant tout dans cet amour des hommes les uns pour les autres, et il ne nous reste qu'à assurer le plus possible notre développement intellectuel : nous aurons toujours à apprendre ; l'accroissement de notre bien-être est à ce prix. Quand il ne rencontrera plus d'ennemis parmi ses semblables, l'homme aura encore à lutter contre la nature, à étendre la connaissance de ses lois — et c'est une tâche infinie, — pour l'asservir, pour la rendre de plus en plus docile à satisfaire ses besoins ou ses fantaisies. Mais cela même suppose une division du travail, qui, dans ce monde sans égoïsme, mieux encore que dans le nôtre, se fait d'après la diversité des goûts et des aptitudes.

A côté, en effet, de cette commune sympathie qui nous unit, toutes les différences que présente la société actuelle, subsistent : différences de forces ; différences de penchants et de capacités. Les uns sont capables seulement, et ils en conviennent volontiers, de travaux manuels, non moins utiles, non moins estimables que les travaux de l'esprit ; les autres, plus faibles de corps bien souvent, sont en revanche, plus aptes au travail cérébral, etc. Les premiers, les forts, sont tout désignés, se désignent d'eux-mêmes, avec entrain, pour toutes les besognes réputées pénibles, qui ne le sont que relativement, et que le perfectionnement du machinisme a facilitées de plus en plus. Les uns, soit aux champs, par tous pays, soit dans les ateliers et les usines, soit chez eux, préparent toutes les choses qui peuvent servir de mille manières à la vie, et d'autres, par le soin qu'ils prennent de les réunir dans des magasins, les mettent à la portée de ceux qui en font usage. Pendant ce temps, des savants poursuivent leurs recherches, imaginant mille combinaisons nouvelles pour faciliter la tâche des premiers et mieux adapter les forces de la nature aux services qu'elles nous doivent, tandis que les littérateurs et les artistes accroissent le trésor commun des belles connaissances, et développent le goût du beau, en fixant dans leurs œuvres cette beauté que les choses et les êtres vivants ne manifestent que dans un éclair.

L'organisation de cette société idéale ressemble donc beaucoup à celle de notre société actuelle. Mais elle ne lui ressemble que du dehors. D'abord, tout le monde travaille. La paresse est une des formes les plus manifestes de l'égoïsme : profiter de ce que font les autres sans travailler soi-même, c'est bien la preuve qu'on ne pense qu'à soi. Et non seulement tout le monde travaille, mais tout le monde travaille avec plaisir, parce qu'il n'y a pas de meilleure manière d'être utile aux autres, de rendre service, de contribuer au bien commun. D'ailleurs, de cela seul que tout le monde est occupé, on suffit avec beaucoup moins d'efforts à la production ; on ne voit plus d'ouvriers condamnés à passer une journée entière à l'usine ou au chantier, et l'emploi toujours plus développé des machines, en rendant le travail plus facile dans une foule de cas, sinon toujours, augmente encore la somme des loisirs.

Comme il n'y a plus de paresseux, il n'y a plus d'envieux. Il n'y a même plus de riches et de pauvres. C'est l'ensemble des hommes qui possède toutes choses, et tous rivalisent, chacun à sa manière, pour transformer toutes les matières premières en objets utiles. En elles-mêmes, elles n'ont jusque-là aucune valeur ; elles en prennent du désir qu'on peut avoir de s'en servir, de les approprier à ses besoins en les transformant. S'agit-il des terres ? Elles sont là, étendues au soleil ou sous la pluie, infertiles au sens que tout le monde comprend, tant que le cultivateur ne les a pas aménagées, disciplinées et fécondées par son travail. Des minerais, de la houille ? Il n'y a qu'à les aller prendre. Pas plus que les terres, ils n'appartiennent à l'un plutôt qu'à l'autre. Dans notre société idéale, peu importe qui cultive la terre ou exploite les mines ; avec nos sentiments de fraternité, c'est pour tous ceux qui peuvent en avoir besoin que partout se cultivent les champs, s'exploitent les mines et les carrières, se manufacturent tous les produits, qu'on les transporte ici ou là. Il n'en coûte rien que la peine de travailler, et cette peine est précisément un moyen de satisfaire notre ardeur à nous servir les uns les autres.

Mais comment se fait la répartition des biens qui résultent de tous ces travaux ? Pour le dire en peu de mots, les choses se passent absolument comme elles se passent aujourd'hui, avec cette seule différence qu'il n'y a pas d'argent à donner en retour de ce que l'on reçoit. L'argent, la monnaie est le signe de la propriété individuelle, c'est le symbole et la garantie de l'égoïsme ; c'est aussi, dans le monde actuel, le moyen d'obtenir d'autrui qu'il nous cède ce qu'il a ; c'est l'instrument des échanges, des transactions d'où chacun cherche à tirer son avantage, et c'est bientôt, par suite, l'objet du désir, de la poursuite acharnée d'une foule d'hommes que domine et gouverne l'unique ambition de faire fortune. Mais dans le monde que nous rêvons, c'est l'intérêt d'autrui qui est à tous notre seul mobile : notre plus grand plaisir est de donner, de faire, autant qu'il dépend de nous, que chacun ait en abondance ce qui est nécessaire à la vie, ce qui peut aussi contribuer à l'embellir, ce qui, en un mot, rendra les autres, comme nous-mêmes, plus capables d'être utiles à tous et plus heureux. Alors, même activité, et plus grande encore que celle dont nous sommes aujourd'hui témoins ; car rien ne la gêne ou ne la compromet ; mêmes entreprises, et plus hardies, car il n'y a plus de risques à courir, plus d'insuffisance de capitaux en numéraires, plus de danger de les perdre, puisqu'il n'y a plus de capitaux de cette espèce, puisque tout est à tous, depuis les terres et les mines, jusqu'aux machines, jusqu'aux produits manufacturés, achevés.

Nous n'avons devant nous ni égoïstes, ni paresseux, personne qui songe à s'attribuer aux dépens des autres plus qu'il ne lui revient. Les choses, encore une fois, se passent comme elles se passent autour de nous : c'est un échange de services, à tous les degrés des relations humaines, le plus souvent sans réciprocité directe et sans aucune nécessité d'un intermédiaire comme la monnaie, parce qu'on est sûr que chacun paie à sa manière, en son temps, ici où là, ce qu'il doit à la société; cela suffit. Comme aujourd'hui, — abstraction faite des changements que doivent produire d'incessantes découvertes, — nous allons chez le boulanger, l'épicier, le boucher, le tailleur, le cordonnier, etc., et nous y prenons ou nous y commandons ce qu'il nous faut. Comme aujourd'hui, ces commerçants se sont adressés au cultivateur, au fabricant de sucre ou à l'importateur de denrées coloniales, à l'éleveur, au fabricant d'étoffes, au corroyeur, etc., pour s'approvisionner, à notre intention, de tout ce que nous pouvons désirer. Comme aujourd'hui, ceux-ci, à leur tour, ont recours aux services d'une foule de travailleurs de tout genre, et c'est un cercle de services, attendu que tous sont en même temps, comme nous, des consommateurs, et s'adressent, comme nous, à ceux qui font profession de leur procurer ce qu'ils désirent.

Mais s'il est aisé, dira-t-on, de comprendre, comment dans l'état actuel des choses, chacun se trouvant limité dans ses ressources, ne fait que les dépenses qu'il peut faire, autant il est difficile de concevoir que ce système de libres relations, où chacun prend ce qu'il veut de ce qui s'offre à lui, n'amènerait pas une épouvantable confusion et d'énormes abus ! — C'est qu'on se préoccupe toujours des effets naturels de l'égoïsme, quand il faudrait bien se persuader que l'égoïsme a totalement disparu de ce monde rêvé, et que chacun, loin d'abuser de sa liberté, ne prendra que ce qui est nécessaire pour conserver sa vigueur et rester capable de rendre aux autres les plus grands services. Qu'on ne craigne pas non plus que se fasse jamais sentir l'insuffisance d'aucune sorte de produits ! Nous n'avons pas plus à en redouter le défaut que l'excès : il ne peut y avoir ici ni chômages, ni disettes, ni surproductions. Tous produisent, chacun à sa manière, et constamment, tout ce dont la société peut avoir besoin. Tous retirent la part de ces produits qui leur est utile, chacun selon son goût, ses aptitudes et son genre de travail. Ceux qui se livrent aux travaux manuels se contentent d'une habitation modeste, saine, aérée, de vêtements simples et solides, d'une alimentation plus substantielle que raffinée. A côté d'eux, celui qui dirige les travaux, a besoin d'une maison plus spacieuse, d'habits différents et d'une autre alimentation. Et ainsi de suite, d'après les occupations de chacun, son genre de vie et la nature de ses services, avec les exigences diverses, dont tous se rendent compte, sans qu'il puisse s'y mêler chez personne aucune trace de jalousie ou d'envie.

La propriété individuelle subsiste, comme on le voit, dans la mesure que commandent le soin de la vie, sa dignité, et l'utilité générale. Tous sont propriétaires, et l'on ne conçoit pas qu'il reste aucune trace de ces entassements d'êtres humains, tels qu'on les voit dans les affreux réduits de nos villes industrielles. Mais c'est un genre de propriété qui ne risque pas d'engendrer l'esprit d'avarice ou de convoitise ; c'est simplement l'usage individuel d'un bien auquel tous participent, comme les enfants d'un même père dont le domaine est resté indivis, sur lequel s'élèvent autant de logis distincts qu'il en faut pour les recevoir, et où se récolte et se fabrique ce qui est nécessaire à toute la famille. En revanche, ils ne comprendraient pas ce que nous entendons par la propriété des instruments de travail, et surtout des matières premières.

Par exemple, ceux qui s'adonnent aux travaux des champs, n'ont d'autre préoccupation que de faire rendre le plus possible à la parcelle qu'ils auront à cultiver, et rien pour cela ne leur manque, puisque, nous l'avons vu, le souci de l'intérêt général dont tous les autres sont animés comme eux, fait mettre à leur disposition tous les outils, toutes les machines et tous les engins nécessaires. Ils ne savent même pas ce que voudrait dire l'expression : posséder la terre. Peut-on, en effet, la déplacer, l'emporter ? N'est-ce pas elle plutôt qui nous possède, elle qui nous porte vivants, sans parler de cette possession définitive quand elle reçoit nos restes ? Il n'y a donc pas, diraient-ils, il ne peut pas y avoir de propriétaires du sol, mais des cultivateurs seulement ; et comme c'est par sympathie pour autrui, et non par égoïsme, qu'ils travaillent, peu importe que ce soit ici ou là, qu'ils aient à lutter avec un terrain plus ou moins rebelle. Au contraire, ce sont les plus ingrats, les plus malsains même qu'ils se disputeraient, pour mieux montrer leur courage et servir mieux la cause commune. Combien d'entreprises, dès aujourd'hui désirables, assurément, mais trop coûteuses, seraient alors accomplies, comme en se jouant, avec toutes les ressources de l'industrie et des sciences ! Desséchements des marais, reboisement des montagnes, canaux, etc., toute une colonisation à l'intérieur, et de même dans tous les pays, dont les suites pour la prospérité commune seraient incalculables.

Dans une société où les dispositions de tous sont telles que les volontés individuelles sont orientées, sans exception, vers l'intérêt général, et toutes prêtes à se dévouer, on peut compter sur le concours spontané de chacun. Non pas que tous soient assez éclairés pour n'avoir pas besoin d'être guidés. Mais il se forme partout des associations en vue du travail commun : les uns étudient les conditions dans lesquelles il doit se faire, les autres l'exécutent. Il n'y a plus d'employeurs et d'employés, plus d'ouvriers qui travaillent pour enrichir un maître, et qui, à chaque instant, soient tentés de comparer leur salaire à son profit. Sympathie et confiance mutuelles, tels sont les fondements de ces sortes d'associations, sans que jamais puisse s'y glisser la moindre discorde. C'est chez tous une égale émulation de bien faire, fort semblable d'ailleurs à celle dont nous avons souvent déjà, dans nos ateliers, dans nos usines, le spectacle réconfortant. Combien de

fois, en effet, ne nous arrive-t-il pas d'admirer le désintéressement
de nos ouvriers, bien plus sensibles au succès d'une tâche difficile,
à l'achèvement d'un bel ouvrage, qui demande des efforts, du courage, qu'au gain qu'il pourra leur rapporter ? Mais, dans l'état
actuel, ce calcul que ne font pas nos ouvriers, il est toujours
possible de soupçonner que quelqu'un le fait pour lui-même et
que ce noble désintéressement est exploité !

Au-dessus de ces associations particulières, on ne voit pas quel
serait le rôle d'un gouvernement comme celui dont nous avons
encore besoin ; mais il reste une place pour des directions suprêmes.
Ces efforts individuels de bonne volonté sont conseillés, dans
chaque région, par des bureaux de renseignements, des ministères
du travail et du commerce où toutes les informations seront réunies
et d'où partira l'inspiration nécessaire pour rendre la tâche de
chacun le plus féconde possible. Là aussi seront centralisées les
découvertes des savants, qui sont de leur nature une propriété
commune et ne demandent qu'à se répandre. Quelle intensité de
vie n'en résulte-t-il pas ? Les moyens de transport les plus perfec-
tionnés sont à la portée des bourgades les plus éloignées, et il n'est
plus nécessaire d'habiter les villes pour jouir des avantages ou
des plaisirs qu'elles procurent. Les moyens de communication par
télégraphes, avec ou sans fil, par téléphones, et tous ceux, encore
insoupçonnés qu'on ne manquera pas d'inventer, font une pensée
commune de la pensée de tous et portent à sa plus haute expression
l'unité de sentiments qui accorde déjà tous les cœurs.

Il est aisé de s'imaginer, sans que nous ayons besoin d'insister,
toutes les œuvres collectives qui, dans ce monde nouveau, servent
encore à exalter la conscience de l'union sociale. A côté des
temples, où nous adorons le Père commun, chacun suivant que
nous pouvons le concevoir, s'élèvent, comme des compléments
naturels, les palais des sciences et des arts. Tout le faste qui, dans
notre société, se dépense encore pour les demeures de quelques
particuliers, s'emploie maintenant à décorer ces maisons communes, où se manifeste au profit de tous le génie des artistes et
des savants, et tous, en effet, par la fréquentation des chefs-
d'œuvre dans tous les genres, par la facilité de les mieux connaître
acquièrent la faculté de juger avec sûreté et de sentir profondément
les merveilles de la peinture, de la sculpture et de la musique. Les

théâtres se multiplient, et leurs représentations occupent une partie des loisirs que l'universalité de l'effort rend aussi plus nombreux pour tous les travailleurs. Joignez à cela les écoles de tous les degrés, les jardins et les parcs publics, les gymnases où les jeunes gens exercent et développent leurs forces et leur adresse par tous les sports, en un mot tout ce que la civilisation la plus avancée peut créer pour favoriser l'essor de toutes les aptitudes et assurer le bien-être et la santé.

La suppression de tout égoïsme fait de ce monde comme une sorte de paradis terrestre, autant du moins qu'il est possible pour des êtres exposés, plus ou moins chacun, à la douleur, et tous également destinés à mourir. Mais la souffrance trouve des allégements encore inconnus dans les progrès des connaissances et l'universelle sympathie, et la mort, dans cette société où aucun de nous ne peut plus s'inquiéter du sort des siens après lui, et où nous sommes toujours prêts à nous oublier nous-mêmes, perd la plus grande partie de son amertume. L'état de l'humanité, ainsi transformée, ne ressemble cependant pas à celui de l'homme dans l'âge d'or que chantent les poètes. Ce n'est pas un état de simplicité primitive, comme celui des bergers d'Arcadie ou de Sicile, qui avaient peu de besoins et ne savaient presque rien. C'est, au contraire, une vie très complexe par l'infinie diversité des occupations individuelles, très intense par la satisfaction libéralement donnée à tous les besoins, les plus élevés comme les plus vulgaires, et aussi très variée, par l'originalité native des caractères, qui, semblables au fond pour la bonté, conservent toute leur saveur de franchise personnelle. C'est même cette variété qui donne à l'existence son plus grand charme : il y a, en effet, au moins autant de façons d'aimer et de le faire voir que d'être égoïste, et elles excitent bien plus de sympathie.

Enfin, nulle contrainte — et c'est en quoi elle diffère essentiellement de l'organisation collectiviste telle qu'elle serait forcément si l'on pouvait l'établir dès aujourd'hui, — dans cette société où toute préoccupation d'intérêt personnel a fait place au désintéressement, à des sentiments d'affection mutuelle, à la passion pour le bien de tous. Loin d'avoir à stimuler le zèle, il faudrait peut-être le ralentir quelquefois. Encore n'est-ce pas nécessaire; car c'est une manière, on le sait, et la plus délicate de toutes, d'aimer quelqu'un, que de le laisser, dans certains cas et dans une certaine mesure, se dévouer pour vous. On sent le plaisir qu'il éprouve à se dévouer ainsi, et l'on se garde de l'en priver. L'égoïsme, une sorte d'égoïsme ne reparaîtrait donc que pour satisfaire précisément notre sympathie et assurer aux autres leur propre plaisir.

Alors, au lieu des clartés encore incertaines de l'aurore et du crépuscule, c'est à la pleine lumière du jour que l'humanité s'avance. La justice, que l'on comparait à l'étoile du matin ou à l'étoile du soir, a cédé le pas à l'amour, qui est comme le soleil, à l'amour réfléchi, raisonné, fondé sur la connaissance enfin exacte, et partout répandue, de notre nature, et bien différent de la charité, dans le sens, du moins, où ce mot suppose l'inégalité des conditions et un secours donné au pauvre par le riche. C'est une pure et simple fraternité qui ne comporte ni don, ni aumône, tant il est clair que tout appartient à tous.

Si insuffisante, si incomplète que soit cette esquisse, il est inutile de s'arrêter plus longtemps à ce rêve. La réalité en diffère encore trop pour ne pas le faire paraître absurde. Et cependant aurait-elle paru moins absurde à un homme de l'âge de pierre la prédiction des changements qui se sont peu à peu accomplis dans le monde et qui ont amené l'état où nous vivons? Ces changements, il est vrai, n'ont guère affecté que le dehors ; ils ont modifié les conditions de la vie matérielle plus que nos dispositions morales ; mais ces conditions rendues plus faciles, en amenant peu à peu pour certaines classes le bien-être et le loisir, ont permis aux arts et aux sciences de se développer, et ce développement, à son tour, a réagi de la manière la plus heureuse sur l'amélioration des conditions de la vie. Comment l'égoïsme, qui résulte de nos croyances instinctives relativement à notre nature, s'est réglé, dans une certaine mesure, et discipliné, sauf à s'échapper trop souvent encore, même chez les plus civilisés, en fraudes et en violences, nous l'avons assez montré. En même temps, par un effet secret de notre vraie nature, la sympathie, les affections de tout genre, la bonté, en un mot, se manifestaient çà et là. Les riches sont souvent généreux ; à leur générosité s'allie parfois la plus parfaite noblesse : elle est alors admirable et nous donne clairement la vision de l'idéal que tous les hommes devraient se proposer. Mais, malgré tout, s'ils étaient seuls à faire le bien, ils suggèreraient cette pensée que la première condition de la charité est qu'on n'en ait pas besoin soi-même. Ils ne donnent, et quoi qu'ils fassent, ils ne peuvent donner, semble-t-il, que leur superflu. On est plus disposé à trouver le vrai désintéressement chez ceux qui, pour ainsi dire, n'ont rien, les petites gens, le menu peuple, tout de premier mouvement en bien comme en mal, si facilement prêts à en obliger de plus pauvres. Enfin, combien d'âmes, par une sorte de vocation, et le plus souvent, non pas toujours cependant, par une inspiration religieuse, ont adopté notre rêve, et autant qu'il est possible dans un monde encore égoïste, le vivent déjà ! Tout leur plaisir est de se dévouer, sans qu'aucune détresse, aucune disgrâce les rebute, oublieuses d'elles-mêmes et insensibles au risque de paraître dupes. La contradiction entre la loi essentielle de notre nature telle que nous croyons la connaître et la loi qu'elles suivent est absolue ; elle semblent avoir compris que la folie de considérer comme une illusion notre réalité individuelle, substantielle, est la vraie sagesse, et que la connaissance exacte de notre nature telle qu'elle est, conduit non à restreindre seulement l'égoïsme par le respect du droit, mais à le déraciner en soi tout à fait. Les savants, les artistes et tous ceux qui se consacrent au service d'une grande cause, rivalisent, à leur manière, avec elles.

Si nous ne sommes pas soumis exclusivement à des lois physiques qui président à une évolution sans progrès réel, si nous sommes capables de concevoir un bien auquel nous devons tendre, pourquoi douter, quels que soient les obstacles du chemin, qu'après des étapes plus ou moins longues, l'humanité ne puisse parvenir à un ordre social tout différent de l'ordre actuel et très supérieur ? Mais le meilleur moyen d'abréger la route est de la bien connaître.

CONCLUSION

Les difficultés, sans cesse renouvelées, auxquelles donnent lieu, en général, les rapports des patrons et des ouvriers, sont l'illustration la plus saisissante des incertitudes où se débat l'humanité, par suite de l'illusion dans laquelle nous maintient une connaissance inexacte de notre nature.

Tant que cette illusion subsistera, l'organisation non pas capitaliste, mais égoïste — car l'égoïsme est universel, — demeure la seule que la Société puisse se donner; ni les décisions législatives, ni la force n'y changeront rien. Aucune des tentatives faites pour remédier aux maux trop réels de la liberté telle que nous la pratiquons, n'aura un effet durable : le malade ne fera que se retourner sur son lit de souffrances.

Il faut qu'à cette organisation égoïste se substitue un régime nouveau, fondé sur la sympathie. Mais la sympathie ne se commande pas. Elle ne s'enseigne pas non plus. Les maîtres ne peuvent exciter que pour un temps, dans le cœur de leurs élèves, des sentiments désintéressés; l'expérience de la vie, telle qu'elle est, apprend bientôt quelle duperie ce serait que d'en faire la règle de sa conduite.

Seule la philosophie, en nous révélant ce que nous sommes, nous découvrira l'erreur qui a jusqu'à présent servi de fondement aux relations sociales, et s'il est vrai qu'il suffit qu'une erreur soit démontrée pour être détruite, peut-être comprendrons-nous bientôt la nécessité de changer, non la nature de l'activité humaine, mais son esprit. On en verrait, à la longue, les heureux effets.

Il appartient dès maintenant à l'élite de se persuader que les biens physiques ne doivent pas être recherchés par égoïsme : ils n'ont toute leur valeur qu'autant qu'ils permettent de contribuer à une œuvre d'intérêt général. On s'accorde déjà, au moins en paroles, à reconnaître la vanité et la sottise de s'en tenir au souci de sa propre individualité. Or, parmi les œuvres d'intérêt général, l'une des plus pressantes est d'éclairer et d'assister ceux qui devraient nous considérer comme leurs frères aînés. Cette tâche ne s'impose pas plus à l'État ou aux patrons qu'à ceux, n'importe qui, dont le bien-être et le développement intellectuel sont le résultat indirect de l'effort de tant de travailleurs inconnus. De cette foule anonyme, nous sommes tous à quelque degré les débiteurs, et, si nous songeons que l'inexorable loi de l'offre et de la demande les a privés, dans bien des cas, de l'exacte rémunération de leurs services, il nous semblera, à nous qui en avons plus ou moins profité, comme un devoir de réparer ces défaillances de la justice. Nous le ferons en nous mêlant à de libres associations formées pour répandre autour d'elles, avec le plus parfait désintéressement, les enseignements nécessaires et tous les secours dont peut s'accommoder la dignité humaine.

Par là, par des relations plus nombreuses, s'atténueront d'abord beaucoup de malentendus, et se préparera, par degrés, l'accord des bonnes volontés. Si la civilisation se bornait, au contraire, à accroître l'égoïsme des riches et leur délicatesse, ne semblerait-il pas que tout son effort a été de mieux en mieux séparer pour eux la salle à manger de l'abattoir?

TABLE DES MATIÈRES

LILLE. — IMPRIMERIE LE BIGOT FRÈRES